अनुपम सिंह

अनुपम सिंह का जन्म सन् 1986 में उत्तर प्रदेश के प्रतापगढ़ ज़िले में हुआ। उच्च शिक्षा इलाहाबाद विश्वविद्यालय से तथा शोधकार्य दिल्ली विश्वविद्यालय से किया। हिन्दी की प्रतिष्ठित पत्र-पत्रिकाओं में उनकी कविताएँ निरन्तर प्रकाशित होती रही हैं। महिला तथा जन-आन्दोलनों में उनकी सक्रिय भागीदारी रही है। उन्होंने तीन वर्ष तक दिल्ली विधानसभा, दिल्ली में 'एसोसिएट फेलो' के रूप में भी कार्य किया है।

ई-मेल : anupamdu131@gmail.com

D1832192

मैंने गढ़ा है अपना पुरुष

अनुपम सिंह

राजकमल पेपरबैक्स

राजकमल पेपरबैक्स में
पहला संस्करण : 2022
दूसरा संस्करण : 2024
© अनुपम सिंह

राजकमल पेपरबैक्स : उत्कृष्ट साहित्य के जनसुलभ संस्करण

राजकमल प्रकाशन प्रा.लि.
1-बी, नेताजी सुभाष मार्ग, दरियागंज
नई दिल्ली-110 002
द्वारा प्रकाशित

शाखाएँ : अशोक राजपथ, साइंस कॉलेज के सामने, पटना-800 006
पहली मंजिल, दरबारी बिल्डिंग, महात्मा गांधी मार्ग, प्रयागराज-211 001
1, अनमोल सोराबजी संतुक लेन, धोबी तलाव, मरीन लाइंस, मुम्बई-400 002
वेबसाइट : www.rajkamalprakashan.com
ई-मेल : info@rajkamalprakashan.com

बी.के. ऑफसेट
नवीन शाहदरा, दिल्ली-110 032
द्वारा मुद्रित

मूल्य : ₹ 199

MAINE GARDHA HAI APNA PURUSH
Poems by Anupam Singh

ISBN : 978-93-95737-18-0

शुभा

और

जिनकी देह का रक्त लिया
जिनके खेत की मिट्टी
जिनकी दीवार की नर्म धूप के सहारे खड़ी हो
सुखाए अपने गीले बाल
जिनके बच्चों की हँसी से अपनी स्त्री को पूरा पाया
जिनका प्यार पाया
जिनकी उपेक्षाएँ ओढ़ीं
जिन्होंने मुझे जंगल कहा
मेरी हँसी को पहाड़ी नदी
जिनकी क़ीमत पर ये शब्द बने
उन सबको समर्पित।

क्रम

तुमसे कहा—प्रेम

जब मैंने तुमसे कहा—प्रेम
मैं विश्वास से भरी हुई नदी थी
नदियाँ बाढ़ ही नहीं वैभव भी लाती हैं
अपने जन के लिए

वह शून्य पहर था
घड़ी से बाहर का समय
गणना का सबसे छोटा दिन
ध्रुवों की छहमासी रात
जब काम और वात्सल्य से पूर्ण
मैंने तुमसे कहा—प्रेम

उन दिनों समुद्र नींद में
छोड़ जाता था अपनी मणियाँ
लुटाने के लिए
पश्चिम से चलने वाली रुक्ष हवाओं को
अपने स्नेह से सिक्त करती
इस सभ्यता के लिए सभी घड़ियाँ ठीक करती
मैंने तुमसे कहा—प्रेम

तुम कदलीवन के वासी थे
और मैं वृंदावन की संन्यासिनी
संन्यास और कृष्ण दोनों का परित्याग कर

तुम्हारे साथ फूलों का अर्क़ लेते हुए
मैंने तुमसे कहा—प्रेम

मैं एक अर्वाचीन स्त्री
प्राचीन तरीक़े से अभिसार के लिए आमंत्रित करती
भरी दुनिया में मैंने तुम्हें चुना।

वही नहीं था प्रेमी

किसी दिन तुम पूछोगे मेरे प्रेमियों के नाम
मैं अपना निजी कहकर टाल जाऊँगी

लेकिन प्रेमी वही नहीं था
जिसने कोई वादा किया और निभाया भी
जिसके साथ मैं पाई गई
सिविल लाइंस के कॉफी हाउस में
जिसके साथ बहुत सारी कहानियाँ बनीं
और शहर की दीवार पर गाली की तरह चस्पां की गईं

वह भी था जिसके आगोश में
जाड़े की आग मुझे पहली बार प्रिय लगी
जिसने कोई वादा नहीं किया
और स्वप्न टूटने से पहले ही चला गया
मैं वह आग हर जाड़े में जलाती हूँ

वह भी जिसके सम्मुख मैंने
सबसे झीना वस्त्र पहना
फिर धीरे-धीरे उतार दिया
जो मुझे नहीं किसी और को प्रेम करता था
और अपनी आँखें फेर लीं
मेरी स्थूल देह से आँख फेरने वाले पुरुष की याद में
मैं अक्सर अपना वस्त्र उतार देती हूँ

प्रेमी वही नहीं था
जो देह के सभी संस्तरों से गुज़र फूल-सा खिला
और मैं भी आवें-सी दहकी
वह भी था जिसे पाने की वेदना में मेरी बाँहें
वल्लरी-सी फैलती चली गईं
जो अभी नहीं लौटा है
उसके औचक ही मिलने की आस है।

सांसारिक

इन दिनों मेरे घोर सांसारिक होते ही
चाँद फिर से खिलने लगा है
एक बैरागी के लिए
चाँद की शोभा क्या
फूल की महक क्या
बच्चों की शरारत क्या

देखो! जाड़े में देहों के जुड़ने से
कैसे सन्तुलित हो गया है सृष्टि का तापमान
मुझे अपने ब्रम्हचर्य से बिताए दिनों पर
अब कोफ़्त होती है

अब ज़ोर से चाहती हूँ यह कहना
कि मैं उत्तर भारतीय लड़की
भविष्य में नदियों के सहारे यात्रा करूँगी
और दक्षिण भारतीय लड़के से करूँगी प्रेम

लेकिन इन दिनों असंख्य विद्रोहियों की भूख
और उनकी प्यास महसूस करती
मैं फिर से गंगा के मैदानों में
खेती करने का मन बना रही हूँ

इन दिनों माँ होने से अपार हर्षित हूँ
स्तन दूध से भारी हो गए हैं मेरे
जैसे बरगद की पत्तियों और जड़ों तक भरा रहता है दूध
जिसे सृष्टि के सारे बच्चे एक साथ पी रहे हैं

लेकिन बच्चे जब बड़े होंगे दूध पर नहीं होगी निर्भरता
तब बखार में बचाने होंगे खाने भर अन्न
तो फिर 'हिंसा क्या अहिंसा क्या'!

इन दिनों तटस्थता से दूर मैं घोर सांसारिक हूँ
मुझे चाँद और फूल
आन्दोलन और संघर्ष
और अपने सभी प्रेमी प्रिय हैं।

बन्द आँखों से झाँकती लड़की

दुनिया के हज़ार दर्द थे उसके सीने में
फिर भी एक शाम औचक ही मुस्कुरा उठी
उसे लगा! अभी-अभी जो पल गुज़रा है छूकर
उसका कोई तो अर्थ है

वह उसी एक पल का पीछा कर रही है
अपनी बन्द आँखों से झाँक रही है
वह रात से ही सुबह का इंतज़ार कर रही है
सुबह जल्दी से काम-धाम निपटा
फिर-फिर रात को निहार रही है

वह रात को देर से आने के लिए कोसती है
रात से रूठी बैठी है वह
धरती की धुरी को नचौने-सा घुमा रही है
वह पंजे के बल खड़ी है और नाच रही है

अपने चेहरे से नहीं उड़ने देती
नीले रंग की तितलियाँ
उसको प्रेम हुआ है
पहली बार नहीं
दूसरी तीसरी बार
वह अनगिनत बार पड़ चुकी है प्रेम में

प्रेम उसके लिए खोया हुआ कोई पल है
वह चील-सी बेधड़क आसमानों में मँडरा रही है
अपनी बिल्ली की देह-सी काँप रही है वह
जंगल में ओस-सी टपकती
धूप में नंगी पीठ पिघल रही है वह
दहक रही है ढाक-सी जेठ की दोपहर में

वह मुट्ठियों की रेत-सी फिसल रही है
वह हरी दूब की तरह छैल गई है पहाड़ों से पठारों तक
धारा बनकर नदी-सी बह रही है
बाँस-सी लचकदार है वह
जंगली फूल-सी महक रही है मध्य रात्रि में

हाँ! उसको प्रेम हुआ है
वह पेड़ की जड़ों-सी
धँसी जा रही है धरती के तरल तक।

मेरा नया यार

वह आ रहा है
नदियों पहाड़ों समुद्रों
हवाओं और आसमानों को भेदकर
वह पाताल से आ रहा है
जंगलों में रास्ता बनाता हुआ
खेतों से चलकर आ रहा है
वह आ रहा है धरती के बीज को सिरजकर

वह जहाँ भी होगा
वहीं से आएगा
साँझ का झीना पर्दा हटाकर
वह रात की चादर फेंक देगा

मेरी नाकामयाबियों
आलोचनाओं
मेरी चालाकियों
धूर्तताओं
मेरी ईर्ष्या
आक्रोश मेरा
मेरी अभीप्सा और चाहत का सब रंग
मेरी बेवफ़ाई
उम्मीद मेरी

मेरे उत्साह का काजल
अब उसका होगा

मेरा पहला स्पर्श
अधूरा चुम्बन
दीवार पर गिरती
परछाइयाँ मेरी वह ले जाएगा
मेरा बचा हुआ
पूरा जीवन

आख़िर! वह मेरा नया यार है।

नौका-भर फूल हैं बातें

नौका-भर फूल लादकर लाईं तुम्हारी बातें
मेरी शाम को गदबदा कर गई हैं
कहीं दूर शाम की आराधना में
सुलगाई अगरबत्तियों का धुआँ
पोश रहा है मेरे बालों को

मैंने घने जंगल से माँग ली थोड़ी भटकन
हिप्पियों से उनका लुत्फ़
मैंने सिंदूरी बादलों को मल लिया अपने गालों पर
तुम्हारे लाल कुर्ते-सी यह मखमली शाम
अब मेरी है

आज पानी का रंग होगा मेरी आत्मा का
आज चिड़ियों का कलरव भरा होगा मेरी आँखों में
हवाओं का झूलना होगा
जिसकी पींगें उठेंगी समुद्रों के पार तक

अब तूफ़ानों में भी तैरेंगी मेरी डोंगियाँ
मेरी साँवली परछाइयाँ सीधे लहरों से टकराएँगी
मैं अपने रूप को निहारूँगी निहाल होकर

खालीपन भी उतरेगा मेरी बाँहों पर
तब तक मैं सींच चुकी होऊँगी

कितने ही पहाड़ों का मस्तक
किसी दिन निश्चल होंगी मेरी आँखें
तब तक मैं पी चुकी होऊँगी
जीवन का सारा आसव

फिर जब ढोकर ले जाएँगे मुझे
छोटे-छोटे मुलायम गुलाबी पिलछौंह कीड़े
रात-भर भोज करेंगे
गोबरैले और केंचुए जब चालेंगे मेरी मिट्टी
तब मेरी आत्मा में इकट्ठा सारा जल
बरस पड़ेगा तुम्हारे बग़ीचे में
किसी और के लिए महकाएगा तुम्हारे फूल।

तुम्हारी जादूगरी

मन के साथ देह की भी इच्छा है
कि तुम्हारी इस जादूगरी को बहुत पास से देखूँ
तुम्हारी पलकों को चूम लूँ
उन सब के लिए अपने अधरों को रख दूँ
तुम्हारे अधरों पर
जो घटित किया मेरी देह पर
मन पर
अनुभव का एक नया संसार रच दिया
देह के हर कोण पर

एक औरत को बिना छुए ही
उसे कैसे रचती है तुम्हारी भाषा
कैसे भरती हैं उसकी आत्मा में उल्लास
उत्सव उसकी आँखों में
मन में उमंग और उत्तेजना

कैसे कई ख़यालों को बेदख़ल करता है
तुम्हारा एक ख़याल
आ बैठता है छाती पर

क्या अमूर्तता के पाए इतने मज़बूत होते हैं
कदम इतने भारी रंग इतने सुर्ख
कि दबा दें दुनिया की सभी मूर्त चीज़ों को

क्या तुम कोई बूढ़ा जादूगर हो
हर चीज़ के लिए मँज गए हैं हाथ तुम्हारे
या 'विद्यापति' की आत्मा ओढ़े कोई कवि
जो कमाल करते हो भाषा से
या हो पटना शहर का कोई वैद्य
जिसे हर दर्द का पता मालूम है!

मैंने गढ़ा है अपना पुरुष

मैं उसकी जाँघ पर कुहनी टिकाए
सिगार पी रही हूँ
मैंने अपना पतझड़ उसके टोप में छुपा दिया है
मुझसे सभी नायिकाएँ रश्क कर रही हैं
कि मैंने अपना पुरुष कैसे गढ़ा

मैंने कहा—वह पुरुष नहीं
एक मायावी है मायावी
वेणुवन में रहता है
सिंह की सवारी करता है
लेकिन मैं उसकी जाँघ पर कुहनी टिकाकर
सिगार पीती हूँ
बस इतने से ही वह पराजित है
और 'कन्फेस' करने के लिए तैयार है

वह कहता है कि बहुत औरतें सोईं उसकी जाँघ पर
लेकिन इतनी बेफ़िक्री और अड़ियलपन
किसी में नहीं देखा
वे डरी मिमियाती भेड़ थीं
वे सब सत्ता की गायें थीं

मैं जब उठूँगी सिगार पीकर उसकी जाँघ से
तब कोई दूसरा काम चाहिए होगा उसे

मैंने अपने सारे अरबी घोड़े खोल दिए हैं
कि एक पुरुष को काम मिल सके।

एक औरत का अन्त

मेरे पैर इतना काँप क्यों रहे हैं
क्या होने वाला है आज
कहाँ हैं मेरे लोग
मेरे अपने सगे लोग
मैं पिछले कितने महीनों से मिली नहीं उनसे

मेरी बूढ़ी विधवा माँ कहाँ है
क्या! अब उसे कुछ नहीं सूझता!

मेरा जवान भाई
वह तो नौकरीपेशा है
उसको तो कुछ नहीं होना चाहिए
आख़िर, दो छोटे-छोटे बच्चे हैं उसके
ख़ूबसूरत बीवी है जो पति की डाँट पर भी हँसती है
क्या हो रहा है
क्यों काँप रहे हैं पैर
हाथ से क्यों छूट रही है क़लम!

कोई मेरी डिग्रियाँ क्यों छीन रहा है मुझसे
जिस पर मेरा और मेरे मृत पिता का नाम लिखा है
क्या कहा!
आज के बाद सब निरस्त मानी जाएँगी!

मेरी बहनें कहाँ हैं
उनका जीवन इस तरह नष्ट नहीं होना था
लेकिन तुम कह रहे हो वे नहीं रहीं
जिन्होंने बेटी की तरह पाला था
फिर उनसे किए मेरे वादे का क्या होगा!

मेरा बच्चा किस अनाथालय में छोड़ आए
वे सारे बच्चे मेरे हैं
जो पल रहे हैं अनाथ की तरह
सबको नाम देना है अपना
क्षमा माँगनी है उनसे
कब से महसूस नहीं की उनके कोमल हाथों की छुअन

मेरा प्रेमी कहाँ है
कहाँ है रातों का एकान्त
क्या कहा!
वह मेरा प्रेमी नहीं रहा!

मेरी डायरी कहाँ है?
सब कुछ नष्ट होने से पहले
दर्ज किया जाना ज़रूरी है
एक औरत का अन्त

क्या कहा!
मैंने कोई डायरी नहीं लिखी
लिखी ही नहीं कभी!
फिर क्यों लग रहा है कि उसके सारे पन्ने उड़ रहे हैं
मेरी आँखों के सामने?

यह चिड़िया रात-भर नहीं सोई!
कोई तो बताओ
क्या किसी जंगल में आग लगी है

जो रात-भर आसमान में मँडराती रही है
इतनी उद्विग्न कोई चिड़िया कब होती है

इतना अँधेरा क्यों बरस रहा है
इतनी राख कहाँ से आई
यह किसकी ख़ाक है
किसकी तड़प
इतना बादल क्यों उमड़ रहा है
यहाँ तो किसी को पानी की चाह नहीं

इन पहाड़ों पर किसके ख़ून के दाग़ हैं
नदियों में किसका शव प्रवाहित है
इन्हें क्यों इस तरह क़त्ल किया गया
जब थे मारने के आसान तरीक़े
इतनी क्रूर दस्तक कौन देता है भला!

कोई टहल रहा है परदे के पीछे
मारने आया है या सावधान करने

कौन है जो अँधेरे की चूड़ी कस रहा है
बिना पूरा दृश्य ख़त्म हुए ही
भर रहा है आँखों में अँधेरा मेरे

कौन दुह रहा है मेरी साँसें
हलक से खींचकर
रबड़-सी तान रहा है मेरी जीभ
मेरे भागने की ख़बर से
कौन काट ले गया यह सड़क!

कहीं से लाओ विलुप्त हो रहे जुगनुओं को
बचाकर
इन बुझती आँखों में अब वही
भर सकते हैं थोड़ी चमक।

अतिकथन

एक बताशे-सा धवल कुरकुर दिन
एक नींद से अलसायी दोपहर
एक पश्चिम के बादलों से रँगी साँझ
एक मधुर रात

प्रेमातुर मैं और तुम
अपनी भाषा गीत संगीत
और कविताई से रिझा रहे थे एक-दूसरे को

कि बड़े उत्साह से
तुम्हारे हृदय की अतल गहराइयों से
झाँकता दिखा एक अपराधी-भाव

रेप! 'तुम्हारा रेप करूँगा आज'

तुम उस समय तक एक प्रेमी थे
मैं खुद चलकर आई थी तुम्हारे पास
तुम्हारे पास सहमति में झुकी मेरी देह थी

उस रात मैं विकल आत्मा से लौटी थी

तुम जो मेरे पिता थे
वात्सल्य से भरे रहते तुम्हारे बोल

तुम मेरे भाई!
तुम्हारे पास अपनी नन्हीं जिज्ञासा लिये आई थी
मैं और मेरी वह पागल दोस्त

गुम लौटी थी गर्दन मरोड़ी चिड़िया की तरह

तुम सब जो मुझे देख-सुन-पढ़ रहे हो
और सोच रहे हो
कविता खुलासे की कोई जगह नहीं है
कविता पुलिस नहीं है
कोर्ट-कचहरी नहीं
कविता अतिकथन नहीं है

जैसे यह कोई अतिकथन हो!

अन्तराल का प्रेम

सुबह की चाय और रात के खाने का मत पूछो
वही! स्वाद-बेस्वाद का खाना
वही फीकी-कड़वी चाय
कभी जब कर्क रेखा पर खड़ी होऊँ
ग्रीनवीचि गुज़र रही हो क़दमों के नीचे से
माली के बाग़ से चुरा रही हूँ कोई क्षण
बज उठे फ़ोन की घंटी
तेज़ी से धड़क उठे हृदय

इन दिनों हृदय चिकना पत्थर हुआ जाता है
जिसे देवता समझकर
जल-अक्षत तो चढ़ाया जा सकता है
माथा रँगा जा सकता है पवित्र हल्दी से
लेकिन आग नहीं पैदा की जा सकती

डॉक्टर ने थायराइड शुगर की जाँच के लिए लिखा है
रोज़ ही लेती हूँ
ब्लड-प्रेशर और नींद की दवा
इसमें पूछने-बताने को नया क्या है

जब रात को नींद दाख़िल हो रही हो मेरे बिस्तर में
नींद में डाल दो एक लम्बी अड़चन
फोन पर जगाओ पूरी-पूरी रात

कि सुबह ऑफ़िस के लिए देर हो जाय
करना पड़े बॉस की नज़रों का सामना
सिर झुकाए

ऐसी भाषा में फिर से करो बात मुझसे
कि इस देह का ठस्सपन टूट जाए
और मेरी भाषा का भी

यह जो जमा पड़ा है आँखों में
और होठों पर
संचालित करो फिर से
बिखरा दो ऐसे कि बीनते-बीनते बीत जाय
सुबह-दोपहर-शाम।

अधूरा पुल

जब दुपहरिया कुम्हार के आवें-सी
तपने लगती है
धूल आग की तरह गर्म
जब कुत्ते मिट्टी खोदकर
गर्मी से बचने की कोशिश करते हैं
और गौरैया नल के मुँह से लटककर
हाँफती है पानी के लिए
तब कुछ ताँबई रंग की औरतें
खेत काट रही होती हैं
कुछ इनसान-नुमा लोग
ईंट के भट्ठे पर पक रहे होते हैं
ईंटों से भी गहरा होता है उनकी देहों का रंग
कुछ झाँवें जैसा

जब कुछ लोग धूप के डर से
दरवाज़ा बन्द कर अँधेरा कर लेते हैं घरों में
तब कुछ बच्चे
भीट की तरफ़ लेकर जाते हैं अपनी बकरियाँ
बकरियाँ चरती रहती हैं
बच्चे खेलते हैं पेड़चील्हर

एक दिन ईंट के भट्ठे से भागता है आदमी
बच्चों के गोल में शामिल हो जाता है

खेत काटती औरतें आती हैं छहाने
बच्चों में शामिल हो जाती हैं
आदमी-औरत मिलकर
बच्चों को सुनाते हैं
लकड़सुँघवा के क़िस्से

लकड़सुँघवा पीठ पर बोरा लादे आता है
छुपाए रखता है बोरे में
तरह-तरह की लकड़ियाँ
लकड़ी सुँघाकर वश में कर लेता है बच्चों को
बच्चे जब तक होश में आते हैं
डाल दिए गए होते हैं
बन रहे पुल की नींव में
सभ्यताओं को जोड़ने के लिए

कहते हैं
पुल जीवधारी होते हैं
पुल के पाँव नहीं होते
वे टँगे रहते हैं बच्चों की कोमल पीठ पर
पुल से कवि-कलाकार-संगीतकार आते हैं
बारातें गुज़रती हैं
अर्थियाँ आती हैं
पुल चढ़कर आता है आततायी

पुल से पार हो जाती हैं कई-कई पीढ़ियाँ
खोजती रहती हैं अधूरे जीवधारी पुल का तिलिस्म।

शर्तों पर टिका है मेरा प्रेम

मुझसे प्रेम करने के लिए
तुम्हें शुरू से शुरू करना होगा
पैदा होना होगा स्त्री की कोख से
उसकी और तुम्हारी धड़कन
धड़कनी होगी एक साथ

मुझसे प्रेम करने के लिए
सँभलकर चलना होगा हरी घास पर
उड़ते हुए टिड्डे को पहले उड़ने देना होगा
पेड़ों के पत्ते बहुत ज़रूरत पर ही तोड़ने होंगे
कि जैसे आदिवासी लड़के तोड़ते हैं
फूलों को नोच
कभी मत चढ़ाना देवताओं की मूर्तियों पर

मुझसे प्रेम करने के लिए
तोड़ने होंगे नदियों के सारे बाँध
एक्वेरियम की मछलियों को मुक्त कर
मछुआरे के बच्चे से प्रेम करना होगा
करना होगा पहाड़ों पर रात्रि-विश्राम

मुझसे प्रेम करने के लिए
छाना होगा मेरा टपकता हुआ छप्पर
उस पर लौकियों की बेलें चढ़ानी होंगी

मेरे लिए लगाना होगा एक पेड़
अपने भीतर भरना होगा जंगल का हरापन
और किसी को सड़क पार कराना होगा

मुझसे प्रेम करने के लिए
भटकी हुई चिठ्ठियों को
पहुँचाना होगा ठीक पते पर
मेरे साथ खेतों में काम करना होगा
रसोई में खड़े रहना होगा
मेरी ही तरह
बिस्तर पर तुम्हें पुरुष नहीं
मेरा प्रेमी होना होगा

हाँ, शर्तों पर टिका है मेरा प्रेम
मुझसे प्रेम करने के लिए
अलग से नहीं करना होगा तुम्हें
मुझसे प्रेम।

औरतें हैं मुखौटे नहीं

वह अपनी भट्ठियों में मुखौटे तैयार करता है
लेबुल लगाकर सूखने के लिए
लग्गियों के सहारे टाँग देता है
उन्हें रासायनिक क्रियाओं से गुज़ारता है
कभी तेज़ तो कभी सबसे कम तापमान पर रखता है
ऐसा लगातार करने से
अप्रत्याशित चमक आ जाती है उनमें

उसके हथियारबन्द सिपाही
घूम रहे हैं घर-घर
कभी दृश्य तो कभी अदृश्य
घरों से घसीटते हुए
अपनी प्रयोगशालाओं की ओर ले जा रहे हैं
वे चीख़ रही हैं...
चिल्ला रही हैं पेट के बल
फिर भी वे ले जाई जा रही हैं

उनके चेहरों की नाप लेते ख़ुश है वह
कि अच्छा हुआ दिमाग़ नहीं बढ़ा इनका

चेहरे लम्बे-गोल, छोटे-बड़े हैं
वह चाहता है
सभी चेहरे हों एक जैसे

एक साथ मुस्कुराएँ
और सिर्फ़ मुस्कुराएँ

अब मुखौटों को चेहरों पर ठोक रहा है...
ठोंके ही जा रहा है
ठक-ठक लगातार...

वे चिल्ला रही हैं
हम औरतें हैं!
मुखौटे नहीं!

हमारे गाँव की विधवाएँ

उदास रंगों में लिपटी ये औरतें
हमारे गाँव की विधवाएँ हैं
हमारी दादियाँ चाचियाँ माँएँ हैं
जवान भाभियाँ बहनें हैं
जो उजाड़ रंगों को ओढ़
अँधेरे में सिसकियाँ भर रही हैं

दूर जा रहे पोते-पोतियों के लिए
विधवा दादियाँ दूर से ही
छोड़ देती हैं अपने प्रेमाशीष

विधवाएँ टूटी हुई बाल्टियाँ हैं
जिनमें सगुन का जल नहीं भरा जाता

विधवा माएँ बेटियों के ब्याह में
अपने आँचल से उनका सिर नहीं ढकती
बस! हारी आँखों से निहारती रहती हैं

मन-ही-मन क्षमा माँग लेती हैं
विदा होती बेटियों से
और खो जाती हैं अपने बिसरे जंगलों में

शुभ कार्यों से बेदख़ल ये माँएँ
मंगलाचार को रुदन के राग में गाती हैं

हमारे गाँव की विधवाएँ और बिल्लियाँ
एक जैसी हैं

बहुवर्णी स्त्रियाँ कैसे बनीं विधवाएँ
बिल्लियों में किसने भरे ये रंग
न विधवाएँ जान पाती हैं
न ही बिल्लियाँ।

जवान होती लड़कियाँ

लड़कियाँ बड़ी हो रही थीं
अपने छोटे-से गाँव में

छोटी अभी ज़्यादा छोटी थीं
जो बड़ी थीं
वे ब्याह दी गई थीं सही-सलामत

इस तरह हम ही लड़कियाँ थीं
जिनकी उम्र बारह-तेरह की थी
हम सड़कों की बजाय
मेड़ों के रास्ते आतीं-जातीं
चलती कम
उड़ती हुईं अधिक दिखतीं

शादी-ब्याह में हम
बूढ़ी अधेड़ उम्र की
औरतों से अलग बैठतीं
और अपने ज़माने के गीत गातीं
हमारी हँसी गाँव में भनभनाहट की तरह फैल जाती

गाँव के छोटे भूगोल में
जीवन के विस्तार का समय था
हम अपनी देह और अनुभवों के भार से

एक साथ झुककर चलना सीख रही थीं
कभी तो जीवन को
हरे चने के खटलुसपन से भर देतीं
तो कभी माँ की बातों से उकताकर
आधे पेट ही सो जातीं

हम उड़ना भूलकर
भीड़ में बैठना सीख रही थीं
भीड़ से उठतीं तो कनखियों से
एक दूसरे को पीछे देखने के लिए कहतीं
जब कभी हमारे कपड़ों में
ख़ून का दाग़ लग जाता
तो देह के भीतर से लपटें उठतीं
चेहरे पर राख बन फैल जातीं
हम दाग़दार चेहरे वाली लड़कियाँ
उम्र के कच्चेपन में सामूहिक प्रार्थनाएँ करतीं
हे ईश्वर...

हम लड़कियाँ प्रार्थनाएँ करती हुईं
जवान हो रही थीं

लड़कियाँ जवान हो रही थीं
उनके हिस्से की धूप हवा रात
और रोशनियाँ कम हो रही थीं
हम बाग़ में नहीं दिखतीं
गिट्टियाँ खेलते हुए भी नहीं
घरों के पिछवारे
लप्प-झप्प में
एक दूसरे से मिल लेतीं

दीवार से चिपककर ऐसे बतियातीं
जैसे लड़कियाँ नहीं छिपकलियाँ हों

बड़ों के चले जाने पर
बूढ़ी औरतें चौखट पर बैठ
हमारी रखवाली करतीं

किसी राजकुमार के इंतज़ार
और अनिवार्य हताशा में
हरे कटे पेड़ की तरह उदास होती
हम लड़कियाँ जवान हो रही थीं।

माँ के लिए

जब कभी
माँओं के प्यार-दुलार की बात चलती है
थोड़े से बच्चे चहकते हैं
बाक़ी उदास हो जाते हैं

उदास बच्चों के साथ खड़ी मैं
याद करना चाहती हूँ अपनी माँ का स्पर्श
मुझे याद आती हैं उसकी गुट्ठल खुरदुरी हथेलियाँ
नाख़ूनों के बग़ल निकले सूतरे
जो काजल लगाते समय
गड़ जाते थे

सिंगार-पटार के बाद माथे पर
बड़ी तेज़ी से टीक देती थी
एक काला टीका
न जाने दुलार से लगाती थी
या खीझ से

सोचती हूँ
याद करूँ वे थपकियाँ
जो माँएँ बच्चों को देकर सुलाती हैं

देखती हूँ वह चरखे के सामने बैठी
एक हाथ में रुई की पूनी पकड़े
दूसरे को चरखे की घुंडी पर टिकाए
उझक-उझक कर सो रही है

अब भी मेरे घर में मेहमानों के लिए
जो सबसे सुन्दर चादर और दरियाँ हैं
उनके एक-एक धागे में
माँ झपकियाँ ले रही है

देर रात तक चरखा चलाती ऊँघती माँ
दिन में भी तकली-सी घूमती रहती
तलवों में गुरखुल लिये
कंकड़ पर पाँव पड़ते ही वह
कराह उठती

माँ नहीं याद आती कभी माँ की तरह
याद आती हैं चूल्हे की धुँधुआती लकड़ियाँ
जिन्हें वह फूँक-फूँककर
अनवरत सुलगा रही है

माँ नहीं है माँ
वह चरखा तकली अटेरन है
भोर का सुकवा तारा है वह
जिससे नई दुल्हनें
उठने का समय तय करती हैं

माँ चक्की से झरने वाला पिसान है
जिससे घर ने मनपसन्द पूरियाँ बनाईं

अब वह एक उदास खड़ी धनकुट्टी है
जिसके भीतर की आवाज़ कहीं नहीं पहुँचती

यह कई बेटियों, बेटों और पोतों वाली
हमारी पैंसठसाला माँ के लिए
मर्सिया पढ़ने का समय है।

रंग जहाँ अपराधी होते हैं

आइने के सामने खड़े होते ही
स्मृतियाँ परावर्तित होकर
फैलाती हैं गहन अंधकार
पहली अज़ान-सी दादी की अस्फुट ध्वनि
गहरी रेखाओं से भरा पिता का पहला दर्शन
बेसन के घोल-सा गाढ़ा अम्मा का मौन

दादी रंगों को लेकर मुखर थीं
कितनों की बेटियों को मार चुकी थीं ताना
बिन ब्याही मर जाने का
जैसे मैं उन्हीं में से एक हूँ
जो मर गईं थीं हिस्टीरिया में
लौट आई हूँ सब कुछ वापस करने

पिता का ही रंग मिला था विरासत में
पिता ही अपराधी थे
लोगों के बीच अपना बचाव करती
हाँ, पिता पर ही गई हूँ मैं

याद आती है वह लड़की
जिसका जूठा खाकर सखी बनी
जो दिन-दिन भर मेरे साथ खेलती

खेल-खेल में बस जाता एक घर
उसके पास भी एक ही अचूक हथियार था
मेरा कालापन

काला रंग नहीं गाली की तरह लगता
खिसियाहट में गालियाँ देती
मैं ढहा देती अपना ही रचा खेल
यही होना था अन्त हर खेल का

वे औरतें जिनके पास बैठते ही
मेरी साँस की तकलीफ़ बढ़ जाती
जिनकी बात अक्सर बदल जाती
फूहड़ फुसफुसाहटों में
उनके लिए काली सौन्दर्य की नहीं
संहार की देवी थी
जिसकी शक्ल मुझसे मिलती थी

मेरे मस्तिष्क में ख़ून बड़ी मुश्किल से चढ़ता
उतरता तूफ़ान की शक्ल में
वे औरतें नहीं पढ़ पातीं
बेचैनी मेरे चेहरे की
जब मैं उन्हीं के बीच बैठकर मुस्कुराती

वे गोरी लड़कियों के रिश्ते जोड़तीं
भद्दा मज़ाक़ करतीं और बनावटी हँसी हँसतीं
वे औरतें
ठीक मेरे पीछे खड़ी दिखाई दे रही हैं आइने में
हँसती हुई

आइने के सामने उड़ रही हैं
नई पुरानी तस्वीरें

तस्वीरों में चिढ़ाते हैं दोस्त
मैं कितनी ईर्ष्यालु हो रही हूँ!

मेरा अपना प्रेमी चिढ़ाता है
मैं कितनी हिंसक हो रही हूँ!

मेरी उपस्थिति के बाहर भी
तस्वीरें गवाही देंगी कालेपन की
इसलिए मैं कुतर रही हूँ
सभी तस्वीरों से अपना चेहरा

कम उम्र में अधिक पराजय दर्ज है मेरे नाम
जाने कब से भर रहा है मुझमें
पराजय का यह भाव

एक दूसरा चेहरा उभरता है
बहुत पास से कहता है—
लम्बी साँस लो
लो, पानी पियो
क्या देखती रहती हो आइने में
मैंने भरी आँखों से कहा—
शुक्रिया दीदी।

हमारा इतिहास

एक औरत की पीठ पर नील पड़ा है
वह अभी-अभी सूरज को अर्घ्य देकर लौटी है

देवताओं और राजाओं के कपड़े धोते-पछीटते
झुकी हुई एक पीठ

एक पीठ की बिसात पर फेंकी गईं पासे की गोटियाँ
एक शापित शिलाखंड
जिसके लिए एड़ियाँ रगड़ रही हैं हम

इतिहास का एक पन्ना
जिसके कोने में दर्ज हैं विषकन्याएँ

वे चीख़ रही हैं भरी अदालतों में
झूठ...झूठ...झूठ
अमृत-घट थी हमारी देह
विष तो धीरे-धीरे उतारा गया शिराओं में

झूठे स्वाभिमान
और स्वार्थों के लिए औरतें
युद्ध में कभी शामिल नहीं रहीं
न औरतों के लिए कोई युद्ध
लड़ा गया इतिहास में

वे एक स्वर में कहती हैं—
इतिहास से बेदख़ल हम औरतें
चुड़ैल बन भटक रही हैं
पीपल के पुराने पेड़ों
वीरान खंडहरों में

हमीं जंगलों से निकल
उनकी ख़ूनी बावड़ी का पानी पीतीं
और अपनी काली छाया से डरा करतीं
जलती आँखों पर गीली रेत लेपतीं
बावड़ी के किनारे
ऐन चूल्हे के नीचे
जहाँ धधकती है आग
हमारे ही अवशेष मिले हैं

जो अहरे की तरह सुलगाई गईं
खौलते तेल में जो छान दी गईं
मछलियों की तरह
जो एक साथ कूद गई थीं चिताओं में
जौहर करने
खड़ी दोपहर की आँधियों सी-चलती हैं
मातम मनाते हुए

हम जो इतिहास की सबसे कमज़ोर निर्मितियाँ थीं
सबसे अधिक रूठा करतीं
कूद जातीं कुओं में
और फूल बन उगतीं
कुओं से लौटती प्रतिध्वनि
हमारा ही अधूरा गान है

अनगिनत मुद्राओं में हमें
कील दिया स्थापत्यों में

जब दिखने लगे नंगी देहों के हरे कटे घाव
पहनाए गए आभूषण
आभूषणों से ढकी हुई देह अँधेरों का रहस्य लगी
तब से राह का हर राहगीर
हमारी टेढ़ी कमर पर हाथ फेर लेता है

धर्मग्रंथों और इतिहास की स्याह पांडुलिपियों को
अपनी पीठ पर लादे
हम यक्षिणियों को क़ैद हुए
लम्बा अरसा गुज़रा है

धनकुबेर के तहख़ानों
इतिहास के पन्नों
और तुम्हारी कलाओं में
अब छटपटा रही हैं हमारी आत्माएँ।

उनकी शामें

पिताओं के मर जाने के बाद माँओं की शामें
लम्बी और उदास हो जाती हैं
दिशाएँ खो जाती हैं घने कुहरे के बीच
उनके हाथों से रेत झरती है
दिन धकियाते हुए ले जाता है
कुएँ के पास
जहाँ वे बीनती हैं चूड़ियों की किरचन

मायके से आई है धोती
बिना हल्दी और दूब के
माँएँ सादे काग़ज़ों पर खोजती हैं
अपनी क़िस्मत
हाथ काँपता है
डूबता जाता है सूरज
संध्या के लाल जल में

माँएँ अपना बक्सा खोलती हैं
डंक मारती हैं स्मृतियाँ
फूट पड़ती है आँसुओं की नीली नदी

वह अरमानों का लाल बैग
जहाँ छिपाकर रखी थीं मुचड़ी हुई इच्छाएँ
कपूर-सी उड़ गई हैं वे

न महावर से लाल एड़ी
न लाल किनारी वाली साड़ी
बात-बेबात पर तरेरती लाल आँखें
काँपती हैं वे

धीरे-धीरे काटती हैं रज़ाई का तागा
जिसे ख़ुद ही सिला था
आश्चर्य करती हैं अपनी ही चिड़िया की मौत पर
चौखट के नीचे दफ़न करती हैं
ख़ून सने पंख

मर्तबानों को तोड़कर बीनती हैं
खट्टी-मीठी गोलियाँ
बेटों की पुरानी तस्वीरों से
पोंछती हैं धूल
सूखे घावों को कुरेदती हैं
झाँकते हैं भीतर के सल्द घाव
वे डरती हैं
घाव पर लपेट लेती हैं पट्टियाँ

चाहने पर न रात छँटती है
न दिन कटता है
यह जीवन की गोधूलि बेला है
उनके हाथों से छूट गया है उनका घड़ा
फूटे घड़े की तरह बिखर गई हैं वे

शाम को जब माँएँ अकेले बैठती हैं
तो अपने नसीब को कोसते
कोख को धिक्कारते हुए
पिताओं को ख़ूब गालियाँ देती हैं।

सफ़ेद दूब-सी तुम

सपनों की दुनिया में
सीखों की गठरी
साथ लाई थीं लड़कियाँ
उम्र की दहलीज़ पर
मचल रही थीं
देह की अनचीन्ही इच्छाएँ
प्रशाखाओं से फूट रही थीं
सप्तपर्णी की कोपलें
लड़कियाँ औरतें बन रही थीं
उन्हें आकर्षित करते थे उनकी उम्र के लड़के

वे एक दूसरे की चिन्ता करतीं
ईर्ष्या करतीं एक दूसरे से

खेतों-मेंड़ों से होकर
उड़ा जा रहा था मेरा भी मन
बवंडर-सा तुम तक
बज रहा था
झिल्लियों का अनवरत संगीत
हम बंजारों-सी
बार-बार मिलन की जगह बदल रही थीं

छोड़ती रहीं अपने घायल पैरों की छाप

कितनी बार छीली गई वह घास
उसकी जंग थी
अपनी हार के ख़िलाफ़
उस सफ़ेद दूब-सी तुम
मन-कोटरों में उग आई थीं

उमस-भरी रात
हलचलों से पटी जगहें
फिर भी बन्द था एक दरवाज़ा
कम डर नहीं था उस समय
दरवाज़ा खटखटाए जाने का
इच्छाओं ने डर से डरते हुए भी
उसे परे ढकेल दिया था
लिल्ली घोड़ियों की तरह
एक दूसरे को पीठ पर
लाद लिया था हमने

एक जोड़ी साँप की तरह
एक दूसरे में गुँथी रात
बूँद-बूँद पिघल रही थी हमारे बीच
हमने पहली बार महसूस की
होंठों की मुलायमियत
तुम्हारे हाथ मेरे स्तनों को
ओह! कितना तो अपनापा था
न पीठ पर खरोंच
न दाँत के निशान
आहत स्वाभिमान के घमंड से
उपजी बदले की भावना भी नहीं
एक दूसरे की देह को
अपनी-अपनी आत्मा-सी
बरत रही थीं हम

हमारे बीच महक रही थी
सप्तपर्णी की कच्ची कोपलें
देह के एक-एक अंग को हमने
साझे में पहचाना था उस रात

रात बीतती रही
छँटती रही रात की उमस
हलचलों से पटी जगहों में
पसर गया अन्तिम पहर का सन्नाटा

रात बीत गई
अँधेरा चिपका रहा चेहरे पर
चेहरे की शिनाख़्त में छोड़े गए हैं
कई जोड़ी खोजी कुत्ते
परित्यक्त जगहों की तलाश में
भटक रही हूँ
मैं बदहवास
अपना ही वधस्थल खोज रही हूँ

सूखे हुए कुएँ
उखड़ी हुई पटरियाँ
खचाखच भरी जगहें
छुपने का ठौर नहीं इस शहर में
सर्च लाइटें बेध रही हैं
आँखों की पुतलियाँ
ब्रह्मांड का शोर
सुन्न कर रहा है कानों को
बेआवाज़ चीख़ती मैं
देवताओं की क़समें खाती
लौट रही हूँ
मेरे साथ-साथ घिसटती रात
फिर-फिर भर रही है भीतर

रात और दिन का यह घमासान
हुआ और-और गहरा अपराधबोध
ताक़तवर रात पछीट रही है दिन को
पछाड़ें खाता दिन
हर रात थोड़ा कमज़ोर दिखा

दिन की सारी क़समें तोड़
हमने हर बार रात चुनी
हमने थोड़े सपने जिए
थोड़ी सीखें छोड़ीं
थोड़ा गुमान किया एक दूसरे पर
जब शब्द नहीं थे हमारे पास
तब भी थे कुछ मुलायम भाव

भाषा की नई दुनिया में
जब स्थायी हो रात
तो हिचक कैसी
कैसा अपराधबोध
हाँ! प्रेम में थीं हम दो लड़कियाँ।

जुए की पारियाँ

बल्बों की झालरें
बाउंड्री की तरह खींच दी गई हैं
रोशनी से पाट दिए गए हैं गड्ढे
औरतों के सुर का उतार-चढ़ाव
बच्चों के उल्लास के साथ
शुरू हुई ब्याह की रस्म
अँधेरी रात मौन साधे
दूर से देखती रही सब

भूत से बचाने के लिए अम्मा ने
सबका लोटा-थाली, जल-अक्षत ले
कन्यादान दिया

चादर से ढककर भरी गई माँग
सात फेरों से बाँध दिया गया
सात जन्म

धीरे-धीरे पूरी हुई ब्याह की रस्म
धीमी पड़ गई मंत्रोच्चार की ध्वनि

औरतें अपने घरों को वापस जा रही हैं
बच्चे सो गए हैं इधर-उधर
एक दूसरे पर हाथ-पाँव डाले

राख और अधजली आहुतियाँ छोड़कर
चले गए देवतागण

अब कोहबर पहुँचकर वह
ब्याह की थकन उतार देना चाहती है
वह बाबा के कोहबर में जीत लेती है
जुए की सातों पारियाँ
एक और कोहबर जाना है उसे
अभी बाक़ी हैं जुए की
कई-कई पारियाँ

रोशनी से पाटे गए गड्ढे
सुबह दिखाई देने लगे हैं
फेंकी गई पत्तलों पर
कुत्ते जूझ रहे हैं
पंछियों का झुंड
मँडराने लगा है आकाश में

रात का गीत
भोर की जीत
सुबह धीरे-धीरे
विलाप में बदल रही है।

कुलवधू

ब्याह कर आई नववधू
सहमी बैठी है
घर के कोने में
घूँघट के पार देखती हैं
डरी हुई दो आँखें

मेटियों में बन्द अचार सीझता है
पसीज रहा है नमक

भारी जरीदार साड़ियाँ
सोने-चाँदी के गहनों में
लिपटी नववधू
कुलवधू है
देखती है हथेली पर मेंहदी के उदास रंग

दरवाजे पर पिंजड़े की मैना
कूकती है रात-भर
टूटती जाती है कंठ से कोमल तान

कुलवधू आँखें बन्द किए
बैठी रहती है घर के कोने में

यह मुँहदिखाई की रस्म है
कि जगहँसाई की

बन्द आँखों से परिचय की गाँठ
भला कैसी लगती है
चलनी के पानी से कौन-सा घड़ा भरता है

आँखों में बनते हैं कई-कई दृश्य
बिगड़ते हैं
आँखों में अपना ही विकृत चित्र उभरता है
पहली बरसात की विषैली इच्छाएँ
बरसती हैं आशीर्वाद में

लड़कियाँ ख़ुश हो रही हैं
कुलवधू का लाल जोड़ा
गहने मेंहदी महावर देख
मन ही मन लाँघ जाती हैं
धरती का अन्तिम छोर
जबकि लाल अढ़उल चढ़ाया जाएगा
पत्थरों से तराशे
किसी देवता को

कुलवधू सोचती है
खोल दे बन्द आँखें
उतार के रख दे
देह को रगड़ते गहने
ड्योढ़ी की अदृश्य छाया
डराती है
न्यायसंगत नहीं लगता उसे अपना विचार

गृहस्थी परिचित कराने को
प्रतीक्षारत हैं लोग

एक डर काँपता है हाथों में
टूटे नज़र आते हैं रसोई के सारे बर्तन
भीतर ही भीतर खौलकर
कड़वी हो गई है चाय
बरौनियों से उठाती है वह नमक
बार-बार पेट में मरोड़ उठने से
हलक़ में बढ़ गई है प्यास

कुलवधू घबराई हुई है
उसको नहीं पता
कौन कितना मिर्च
कितना नमक लेता है खाने में
उसको नहीं पता
किसमें अभी बाक़ी है
कितना नमक।

पोस्टमार्टम रिपोर्ट

आप जानते हैं न औरतों का रोना
वे रोती ही नहीं
कारन करते हुए
पीटती हैं अपनी छाती
जहाँ जमा है सदियों की गर्द

अभी-अभी जहाँ मैं खड़ी हूँ
एक औरत कारन कर रही है
अपनी बेटी के लिए
जो सिल्ली जैसी पड़ी है दरवाज़े पर
जिसको घेर सुबक रही हैं
गाँव-भर की औरतें
बच्चे खड़े हैं
उनके लिए अबूझ है यह रोना
किसी का इस तरह मर जाना भी

यह पुलिस जो अलग-अलग कोणों से
दर्ज कर रही है बयान लोगों के
औरतों की आँखों में
गल रहा नमक का पहाड़
उसे नहीं दर्ज करती

नहीं दर्ज कर रही है वह
कि उसकी बेटी को
भात बहुत पसन्द था
एक खोरी भात पर वह
दिन-भर फिरा करती अपने ढोरों संग
जब वह उन्हीं ढोरों की क़सम देकर
जगा रही थी अपनी बेटी को
उस पर भी ध्यान नहीं दिया पुलिस ने

उसकी बेटी के फ्रॉक का रंग कैसा था
कहा नहीं जा सकता
उसने अपने फ्रॉक की फित्ती को
चबाया है
पुलिस ने समय के साथ फीके पड़े रंग
और फित्ती चबाने की घटना को
दर्ज नहीं किया

जब पुलिस की रिपोर्ट आई
तो उसमें फ्रॉक का सही-सही रंग नहीं था
न उसके भात की पसन्द का
वाजिब कारण ही
उसके ढोरों का भी ज़िक्र नहीं
जिनके साथ वह दिन-भर फिरा करती

बस! एक लाइन में लिखा था
लड़की चार महीने के पेट से थी।

बहन की चिट्ठी

अम्मा के लिए तुम्हारी चिट्ठी
रातों की नींद और
आधा पेट खाए का सुकून थी
मेरे लिए अटक-अटक कर पढ़ा गया शब्द
और भाषा सीखने का पहला उत्साह

पिता पूछ-भर लेते
किसकी चिट्ठी है
और तुम्हारे ठीक होने की कल्पना
कर लेते मन ही मन

चिट्ठी में शुभेच्छा, सवाल
एक अनकहा शिकायती लहज़ा था
कैसे हैं पिता!
छोटी स्कूल तो जाती है न!
अबकी भैयादूज पर सखी आई थी क्या
बेचारी! बेटे के इंतज़ार में सात-सात बेटियाँ
झेलगाँ हो गई उसकी देह

अरे हाँ अम्मा!
अब तुम्हें भी बेटी के बाँझपन का ताना
नहीं मिलेगा

लिखना कम समझना ज़्यादा
तुम्हारी बेटी...

अम्मा की आँखें चमकी थीं
पिता हर बार की तरह शान्त
दोनों के चेहरे का भाव देख
मैं और अटक गई थी शब्दों में
मेरी पकड़ से दूर छिटक गया था अर्थ

मुझे पता होता
'समझना ज़्यादा' एक वाक्य-भर नहीं है
कि सृष्टि को तुम खींच रही हो
गुलामों-सी मूक

मैं साफ़-साफ़ पढ़ती उन चिट्ठियों को
बताती सबको—
लड़कियों की चिट्ठियाँ
चिट्ठियाँ नहीं
उनके जीवन का
शोकगीत होती हैं।

तुम्हें पंडुकों के साथ पालना चाहती हूँ

(पृथुल और पार्थ के लिए)

तुम्हारे होने से
आँगन में उतरा है बुलबुल का जोड़ा
गा रहा है सुर में
कौआ उड़ ही रहा था दूध की कटोरी लेकर
तुम्हारी खिलखिलाहट सुन
छोड़ गया मुँडेर पर
गिलहरियों ने अपने बच्चों के साथ
तुम्हारे लिए भी बनाया है घोंसला
दरवाज़े पर बढ़ गई है चरखियों की चाँव-चाँव
मगन मोर नाच रहा है पिछवारे
पनबुड्डियाँ दिन-भर क्वाँ-क्वाँ कर चिढ़ाती हैं तुम्हें
तुम जो नन्हे पाँवों से
दूर तक करते हो पीछा
क्या समझते हो इनकी भाषा

मैं बहुत दिनों से खोज रही थी
तुम्हारी भाषा का उद्गम
चाहती थी लिखना तुम्हारी भाषा का शब्दकोश
गड्मड्ड कर दे रही थी
तुम्हारी भाषा में अपनी भाषा को
अब आश्वस्त हूँ कहने में
कि शंकर का डमरू नहीं

चिड़ियों की चहचहाहट है
तुम्हारी भाषा का उद्गम
बुलबुल का गान ही
तुम्हारी किलकारी में अन्तर्निहित संगीत है
अब तुम्हें बेफिक्र हो छोड़ आना चाहती हूँ
गिलहरियों के घोंसले में

एकदम सधी चाल में मुझे
क्रूर देवताओं की छाया से मार खाए
तुम्हारे पूर्वज नज़र आते हैं
तुम मेरे बच्चे
कभी मत देखना देवताओं की ओर
कभी मत चलना कोई सधी चाल

निर्मम आलोचना कर सको अपने पूर्वजों की
इसलिए तुम्हें पंडुकों के साथ पालना चाहती हूँ

आँखों के काजल से जो चंदोया उगाया है
तुम्हारे माथे पर
मुक्ति का साझीदार बनाया है
रंगों की समझ कर सकूँ आसान तुम्हारे लिए
माथे पर लगाई है लाल बिंदी

तुम मेरे प्यारे बच्चे
अपनी पीठ पर भी उगाना आँख
समय से संवाद करना
फिर तय करना आगे का रास्ता।

ज़हरबाद

एक जून भूखी रह लेतीं
बीजों को हाथ न लगाती थीं
झरबेरी मकोय भटकोइयाँ तक को
भविष्य के लिए संचित रखा उन्होंने

उनके बच्चे भी
इस बात के अभ्यासी थे
फिर भी उनकी आँखों में तिरती रहती
निश्छल साँवली हँसी
अब किस देश से आती हैं ये हवाएँ
सूख गई बीजों के भीतर की नदी
पसीने से भरी नहीं दरारें खेतों की

कोने में पड़ा-पड़ा उनका हल
खोता गया अपनी चमक
घुनी हुई हरसि पिछले ही साल
लगा दी गई चूल्हे में
इस तरह अन्तिम बार
अन्न और आग को मिलाकर उन्होंने
अपना भोजन पकाया
अन्तिम बार उनके चूल्हे से धुआँ उठा
हमेशा के लिए जम गया उनकी आँखों में

उनकी आँखों में किरचों-सी गड़ती है
आसमान की सफ़ेदी

अब उन्हें कचोटता है कोई मूर्त दुःख
जो उनके हाथ के घट्ठों की तरह ही
उग आया है उनकी जीभ पर
वे अपने ही रक्त और नमक में
अन्तर करना भूल गईं

खो गए उनके जुआठा के दोनों सइल
या ले गया कबाड़ी वाला भंगार-भाव
बच्चों को थोड़ी-सी सोनपापड़ी दे
या किसी ने गाड़ दिया उनकी ही पीठ में
छुरे की तरह

उनके ख़ून में जो बह रहा है
वह लोहा नहीं
जंग का ज़हर है
जहाँ तोपती थीं वे ख़ून-सना बलगम अपना
वहीं खेतों में दफ़न है
उनका शव भी

उनके बैलों को लकवा नहीं था
बस नहीं रहा नाधने वाला गोसइयाँ
वे भूलते गए खेतों में चलने की कला
कसाई को देख बैलों ने खन डाला खलिहान
उनके खुरों को
गोबर और आँसू से मिटाती हैं वे

छातियों में उतरा नहीं दूध
तो पागल हो गईं
कें-कें करते बच्चे छातियाँ नीछते

सो गए लम्बी नींद
वे भूख को कोइंछा से बाँधे
नींद आँखों में छुपाए हुए
डोलती हैं परछाइयों की तरह
वे भागी जा रहीं अपना लूगा समेटे
धरती के साथ ही
वे भी दफ़न होना चाहती हैं

अपने ही भाग्य से बचे बच्चे
हत्यारों की क़ैद में सुबकते हैं
कई दिनों से खाना नहीं खाये हैं वे
अब उमगता ही नहीं
उनकी आँखों में कोई सपना
उनकी जंग खाई आँखें!
उन्होंने इस मिट्टी से
ज़हरबाद बनते देखा है।

अम्मा तुम्हारे बेटे

बाँस की कैनियों से लचकदार
देह और मन की यह लोच
बनी रहे तुम्हारे बेटों की

जिनके अभी रेख उठी है
जिनके हाथ फ़ौलादी नहीं हैं
वे इस बात पर शर्मिंदा हैं
यह शर्म बची रहे

मन किसी छनौटे के समान
जिससे छन जाता है
उनका किशोर झूठ
उनमें अभी इतना लड़कपन है
यह लड़कपन बना रहे

वे हँसते हैं
खेलते हैं
उनकी तरल हँसी का
नदी होना बना रहे
अम्मा कभी जवान न हों तुम्हारे बेटे।

राष्ट्रीय सूतक

एक पूरा गाँव क़त्ल किया गया है
पूरा देश ही सूतक में है
लाशें बिखेर दी गई हैं
सड़क के दाईं ओर
कौन रोए किसके लिए
जब कोई बचा ही नहीं है

ससुराल से लौटी हैं बेटियाँ
सिर मुँड़ाए तर्पण दे रही हैं
पिताओं को
रसदार पेड़ों में घंट बँधे हैं
मातम में डूबी हाँड़ियों में
झलझलाती हैं पिताओं की डबडबाई आँखें
चिल्लाकर घंट फोड़ देना चाहती हैं बेटियाँ

मातम में डूबा है पूरा बाग़
मरी हुई माँएँ दुधमुँहे बच्चे
छाती से चिपटाए
रात-भर रोती हैं पेड़ों की ओट से
तालाबों में उलटी उतराई हैं चारपाइयाँ
पिताओं और भाइयों की
दाग़ लिये हैं बेटियाँ
उनके चेहरे से मिट गए हैं भाव सारे

खपरैलों पर रोती बिल्लियाँ
मुँह में दबाए अपने बच्चों को
किसी और दिशा को जा रही हैं
खलिहानों में कुत्ते और
खेतों में स्यारिनों का मातम है
फिर भी टूटता नहीं इस रात का सन्नाटा

सुबह-सुबह घाटों पर बिखलती
सिसकती डरी हुई हैं बेटियाँ
सूख रहे ख़ूनों पर क़ातिल बूटों की छाप
दूर तक दिखाई देती है

बन्द कमरे में अकुलाहट है
बाहर डर से फूलती है साँस
किस तरफ देखूँ
कम हो आँखों की जलन
किस तरफ देखूँ
कि आँखों का होना ज़रूरी लगे

उठ रहा है आग का बवंडर
इस छोर से उस छोर तक
फैल रही है आग
पानी में उठ रही हैं तेज भँवरें
एक भरी-पूरी नाव डूब रही है
जबकि मैंने धारण किया है गर्भ
मेरी छातियों में दूध उतरा है
मृत्यु की खुरदुरी जीभ चाटती है
दूध-भरी छातियाँ मेरी

किस गोद में छुपाऊँ अपने बच्चों को
चीख़ें न पहुँचें इनके मुलायम कानों तक
बिस्तर पर किस ओर सुलाऊँ

हर ओर जाल-सी बिछी हैं
उनकी घाती इच्छाएँ
उनकी आँखों के गड्ढों में ख़ून भरा है

बहनें जो उम्र में बेटियों-सी थीं
बेटियाँ जो बिन माँओं की थीं
जो हवाओं के मुक़ाबले तेज़ थीं
गड़ती हैं क़ातिल आँखों में रेत-सी
उनकी पीठ के नीचे बिछाए गए हैं
बिजली के नंगे तार
वे डूब रही हैं ख़ून-भरे गड्ढों में

हर ओर चल रहा है सरकारी विज्ञापन
'वियाग्रा' की गोलियों पर
कुछ औरतें ललचाई हुई हैं
कर रही हैं ज़ख़्मी एक दूसरे की पीठ को
वियाग्रा के नशे में पूरा देश डूबा है
पूरा देश ही अनचाहे की पैदाइश है।

सुबह की शुरुआत

किताबें उठाती हूँ
पलटती हूँ पन्ने
लेकिन आँखें!
आँखें कहीं टिकती ही नहीं

शब्द झिलमिलाते हैं
शरारती बच्चे के फेंके पत्थर-से
लगते हैं माथे पर
सोचती हूँ—
क्या ये वही परिचित शब्द हैं
जिसे अगली कक्षाओं में
जाने के उत्साह से
पढ़ लिया करती थी

दोपहर होते ऊब से भर जाती हूँ
सोचती हूँ—
पहले की दोपहर में उमस तो थी
पर इतनी ऊब न थी
बग़ल में एक फ़ोन बजने के इंतज़ार में
रोज़ चार्ज पर लगता है
कहीं से आएगा आज
बुलावा नौकरी का

दिन-भर की चुप्पी से
उतर आता है आवाज़ में
मन का भारीपन
शीशे में अपनी ही आँखें लगती हैं
किसी अँधेरी खोह-सी
भरी हूँ डँसे जाने की आशंका से
या तालाब में घोल दी गई है सियाही
जिसमें ऊभ-जूभ करती
दम तोड़ रही हैं मछलियाँ
कमरे की भारी हवा
दबाती है मेरे सीने को

माँ रात-रात भर कुहकती है
जैसे पिता ले आए हों उसकी सौत
थके-हारे पिता ने साध लिया है मौन
बहन घरी-कुघरी कोसती है ख़ुद को

मुझ तक नहीं पहुँचती
कोई धुन
कोई लय
पुरानी याद किन कोठरियों में बन्द है
कौन-सी चाभियाँ खोलती हैं किन तालों को
समय के बहाव में कौन-सी दिशा है मेरी
पता नहीं
मैंने ज़ब्त कर लिया है
अपने कानों को

माँ की चिन्ता वाजिब है
पिता और भाई की भी
बहन चील की तरह मँडराती है रातों को
कभी नागिन-सी फुँफकारती है
चारपाई के नीचे

जैसे उसकी क़ब्र का फूल
नोच रहा हो कोई

हवा कहती है—लौट आ!
ज़िद मत कर
मैं सोचती हूँ—
अगली सुबह की शुरुआत कैसे से करूँ!

दर्द की लहर

दर्द की लहर दौड़ रही है देह में
आधी रात डस गई है कोई नागिन
अपना ही रक्त बन रहा है थक्का
विष का
अपना ही हाथ पसारे नहीं सूझता
ऐसा आदिम अँधेरा फैला है इस कमरे में

कभी थरथराहट, कभी झुनझुनाहट
कभी सुन्न पड़ गए हैं पाँव
साँसें उलझ गई हैं मंझों में
काट ली गई हैं पतंगें
कभी बादलों की टकराहट
कभी सुरंग का बजता सन्नाटा

कानों से ठीक-ठीक
कुछ सुनाई नहीं देता
भय से भरी आँखों में नाचती हैं
दुनिया की प्रसवरत सभी चीज़ें
खूँटे में बँधी
ब्याती हुई एक गाय
जिसकी जीभ बार-बार
बाहर निकल रही है
और उलट गई हैं आँखें

मेरे दाँत हलस गए हैं
अपनी जड़ों से
हलस गया है कोई बिरवा
पेड़ क़लम किए जा रहे हैं
नई शाख़ों और
नई उपजों के लिए
कटी बाँहों से चुहचुहाता है ख़ून
पसीने में डूबी है मेरी देह
जैसे डूबने को हो मेरी नाव
तड़प किसी मछली की
जिसके कण-कण में घुला
पानी और नमक सूख रहा है

यह दर्द किसी भटके यात्री-सा आश्रय पा
सदियों से यहीं बैठा है
हर तरफ़ से आती आवाज़
सोते हुए को जगाने की चुहल है
डाक्टरनी कहती है—'और ज़ोर
और ज़ोर से
हाँ! और ज़ोर'
नसों में काँपता है पानी
जैसे कहीं कोई जहाजा पेड़ गिर रहा हो
या कोई पहाड़
धीरे-धीरे टूट रहा हो कोई बाँध
हर तरफ़ से फट रही है यह धरती
पौ फट रही है
यह लय है!
यह प्रलय है!
यह मेरा नाश है!
या फिर कोई सृजन!

तलवे में छुपी औरत

मेरे चेहरे पर खोने और पाने के दुख
एक साथ तैर आते हैं
मैं चल रही हूँ एक थिर से दूसरे थिर के बीच
मेरा एक पाँव कीचड़ में है
एक तपती रेत में

सब जानते हैं प्रेम की हक़ीक़तें
फिर भी कल्पनाओं ने लहरों पर घर बनाया
मेरी आस्थाओं ने गढ़ लिया है एक स्वर्ग
जहाँ तुमसे मिलती हैं वे उम्मीद लिये

उसी सड़क पर खड़ी हूँ
जहाँ थामा था हाथ मेरा
वह सड़क दिखाना चाहती हूँ
चाहती हूँ सारी तार्किकताएँ गाड़ दूँ
फिर हा...हा...कर व्यक्त करूँ शोक

भावनाएँ ही कसती हैं गला मेरा
क्यों नहीं ख़रीद लेता कोई
कौड़ी के मोल

दृश्य साफ़ है
फिर भी कुछ दिखाई क्यों नहीं देता

मैं प्रेम और बिछोह से परे हूँ
या हूँ इन्हीं की क़ैद में

मैं उनकी ब्याहता हूँ
उनकी विधवा
प्रेमिका हूँ उनकी
अपने बच्चों की सरल-हृदय माँ हूँ
मैं प्यासी हूँ और डूब रही हूँ

मैंने पीने दिया आत्मा का सारा अमृत
सारा विष छुपा लिया अपने तलवे में
मेरे तलवे में छुपी बैठी है मेरी औरत
रेशा-रेशा उघाड़ते हो मुझे
तुम मेरी औरत को कभी खोज नहीं पाते!

नींद और जागरण के बीच तिलिस्मी युद्ध

मेरे जागरण में
सफ़ेद चादर में लिपटी
फैली है मरघट की शान्ति
मेरी नींद में कोई छोड़ गया है
हाथ-कटी औरतों की लाश
मैं उतर गई हूँ नींद में
इस युद्ध के ख़िलाफ़
मेरे हाथों में उनकी मर्दानी मज़बूती नहीं
जो जंग खाए ख़ंजरों को धर लें

जूतों से बाहर निकली हैं मेरी अँगुलियाँ
उनकी अक्षौहिणी सेनाओं के
क़दम ताल से बने कीचड़ में
गिर गई है मेरी आँख
मैं बिना आँख वाली औरत
रेत पर उतार दी है मैंने
अपनी जर्जर नाव

अब तक शान्ति के लिए पूजती रही जिन देवताओं को
वे युद्ध के पैरोकार निकले
फिर भी समझौते के लिए प्रस्तुत थी मैं
एक तीर आकर लगा मेरे पाँव में
पसलियों में फँस गईं दोमुही कमानियाँ

यह कहते लौटा बख़्तरधारी
युद्ध में समझौते के लिए नहीं है कोई प्रावधान

महान देश की महान सेनाएँ
उसके सब मंत्री खड़े हैं मेरे ख़िलाफ़
चाहते हैं ले जाना अपने देश
वे मेरी जीभ में कील ठोंककर
मेरा सच जानना चाहते हैं

समय से पहले पीली पड़ गई हैं फ़सलें
डर से पीली पड़ गई है बुद्धि मेरी
जितनी यातनाएँ दी गईं
उतना नहीं था कसूर मेरा

हाज़िर होती है मेरी पुरखिन
गर्म सलाखों से दागी गई हैं उसकी आँखें
तोड़ दी गई हैं उसकी हड्डियाँ
पपड़ाए होंठों से कहती है—
'सबको बतलाओ हमारा सच'
काँपते हाथों से युद्ध-विजय का आशीर्वाद देती है
कहती है—जाओ!
धरती पर फैले विषैलेपन को
अपनी बेड़ियों में गूँथ लो
अकेले नहीं हो तुम
वे हाथ-कटी औरतें हैं साथ मोर्चे पर

नींद से बाहर निकलो
स्वप्न में नहीं हक़ीक़त में चल रहा है यह युद्ध
अब उनींदे देवताओं के भरोसे
नहीं छोड़ी जा सकती यह धरा
अवसाद में डूबे प्रेम से उबरो
नींद से जागो

तुम किसी की प्रतीक्षा मत करो
अब बुद्ध नहीं आएँगे ज्ञान बाँटने
शान्ति बाँटने
दृढ़ करो एकता अपनी
इकट्ठा करो सभी बच्चों को
वे बढ़ाएँगे तुम्हारा उत्साह
और शक्ति भी

अब वरदान के लिए मत भटको
वे दाख़िल हो गए हैं हमारी नींद में
हमारे बच्चों के स्वप्न में
पड़ गया है पहरा

इसके पहले कि शहद में न बचे मिठास
बच्चों के स्वप्न में कोई जड़ दे साँकल
जाओ रोशनी की नदियाँ तैर जाओ

अचानक ओझल होती है वह
जैसे कोई टूटा हुआ तारा
टूट गया है नींद का तिलिस्मी युद्ध
मैं अपनी जीभ छूती हूँ
नींद में घायल अपने पाँव देखती हूँ
कि इस युद्ध ने बदल दी है
एक कवि की दिशा।

बंधक वसंत

बहुत हताश हैं बोलने में बढ़ गई है आकुलता
मैं क़लम, दर्ज करती हूँ आकुलता का विन्यास उनके

धूप में तपती हैं टीन की छतें उनकी
और पसीने में पिघलती है देह
देह उनकी सेहरा छोड़ती है
मछलियाँ छोड़ती हैं नमक और जल
ज़िन्दा रहने की ज़िद में अधखुली हैं उनकी आँखें
तालपत्रों में लिखा है—
'मृत्यु अटल सत्य है'
'संसार मिथ्या है'
फिर भी वे अपने बच्चों को सिखाते हैं
जीवित रहना, मौत से लड़ना और अड़े रहना
ज़िद्दी बच्चे कभी-कभी नहीं मानते बात

औरतें टेरीकाट की साड़ी लपेटे
नंगी-बेघर औरतों से
ज़्यादा सुखी मानती हैं ख़ुद को
पागल नहीं हुई हैं वे
उनके गर्भ में नहीं है वहशी का रक्त-बीज

उम्मीद है उन्हें—
कट जाएगी बरसात

बरसात होते ही यह धरती भभका मारती है
ख़ूनी पेचिश से बेहाल हो जाती हैं औरतें
महीनों घसीटते चलती हैं पाँव

वे प्रार्थनाओं में तारों भरी रात और जाड़ा माँगती हैं
टीवी पर ख़बरची लगाता है अनुमान
बर्फ़ का पहाड़ बन जाएँगी सब पनीली चीज़ें

बर्फ़ के तूफ़ान से अकड़े हैं उनके पाँव
वे श्मशानों में आग बीनते भटक रही हैं

छोटा होता दिन और सुन्न हाथों से
अधूरा छूट जाता है काम
तिहाई मज़दूरी से कम नहीं होती उनके पाँव की ठिठुरन

तिप्प-तिप्प कर गिरती हैं ओस की बूँदें
बूँद-बूँद रिसता
आग में जलता है उनका वजूद

रात को पति से सटकर सोती हैं औरतें
तो गर्म नहीं होती उनकी देह
वे विरोग करती हैं
अब उन्हें इंतज़ार है वसंत का।

आसान है मनोरोगी कहना

सपने रात के कालाजार हैं
खोद रहे हैं माथे में सुरंग

आख़िर! क्या मतलब है
पश्चिम दिशा में उगे साँप का
जो डसने को लपलपाता है जीभ

गाँव के सपने शहर की अनिद्रा में भी आते हैं
फलवती नहीं हुईं इच्छाएँ
सात ब्राह्मण सात फ़कीर को जिमाना
उस गुसाईं की सेवा जो रात की पीठ पर
चाकुओं से स्वास्तिक बनाता था

अँधेरे में डूबी वेदियों पर देर तक अभुआना
पत्तों को बींधकर सिवान के कुएँ में फेंक आना

एक आदमकाय
आधा जानवर आधा मानुस
जाड़े की रातों में दौड़ाता है
पैर में बड़े-बड़े पत्थर बाँध देता है कोई

पैर घसीटते मैं घुस गई हूँ ढाक के जंगलों में
वह जंगल जंगल नहीं एक सूनी सड़क है
जिसके दोनों ओर हड्डियाँ बिखरी हैं

मैंने चिल्लाकर कहना चाहा—फिर से लौट आए हैं...

किन्हीं हाथों ने जकड़ लिया मेरा जबड़ा
मैं साँय-साँय करती सड़क पर भाग रही हूँ

रात सोने से पहले धुल लेती हूँ पाँव
फिर भी दिन चक्र की तरह घूम जाता है

आज फिर दूर वाले फूफाजी आए हैं
उनकी टॉफियाँ इच्छाओं का बिसखोपड़ा हैं
शुभेच्छा एक शातिर अभिनय
पाँव छूती बहनों की पीठ पर
ताउम्र धरा रह गया है हाथ उनका

वह डॉक्टरनुमा व्यक्ति!
मेरे गाँव की सभी औरतों का इलाज करता है
एक प्रश्न उछालकर रात-भर उन औरतों का हाथ
रखे रहता है अपने शिश्न पर

फिर सपने में आते हैं मुँहनोचवे
वे स्कूल जाती लड़कियों को भर ले जाते हैं बसों में
उस रात पता नहीं कब! कहाँ! कैसे!
निर्वस्त्र ही चली गई हूँ
वे मेरी देह पर कई चीरे लगाते हैं
मुझे किसी खाई में फेंक देते हैं वे
डर से रेघती है आवाज़ टूटती जाती है साँस

करवट बदलने से बदलता ही नहीं दृश्य
बग़ल में सोई माँ पूछ रही है—फिर कोई सपना देखा तुमने!

मैं सोच रही हूँ—कितना आसान है कहना कि
यह मनोरोगी है!

पिता से

दरवाज़े पर जो नल है पिता
जैसे धरती के सोते से टूट गया हो सम्बन्ध उसका
बहने लगी हो रेत
पानी के बदले इतनी रेत कहाँ से आई पिता!

जब मैं छोटी थी झूल जाती नल के हत्थे से
तब चोटों और ज़िद्दी इच्छाओं के बीच
अन्तर नहीं कर पाती थी
अब तो बरसात में भी नल पानी छोड़ देता है
बरसात भी पहले जैसी कहाँ होती है पिता!

अब अम्मा सूरजमुखी मिर्च नहीं लगातीं
खेत की धूल आँगन तक आती है
होली के सूखे रंग बिखरे हैं बालों में
भैसें तालाब में जाती हैं आदतन
वहाँ घास की नहीं पानी की जड़ें खोजती हैं
अब आसमान से मछलियाँ गिरती ही नहीं
आसमान भी पहले जैसा पारदर्शी कहाँ रहा पिता!

याद है!
जब पहले किसी साल बारिश नहीं होती
बच्चे इन्द्र से पानी माँगने जाते

द्वार-द्वार पानी गिरा उसमें लोटते
इस तरह अपना प्रतिरोध दर्ज करते थे बच्चे

औरतें नंगी होकर आधी रात में हल चलातीं
यह उनके प्रतिरोध की भाषा थी

कहते हैं, इन्द्र गौरैया को भेजते थे अपना दूत बनाकर
वे आतीं, धूल में नहाकर पानी का आगम दे जातीं
अब तो बच्चों का भी भ्रम टूट गया
इन्द्र पानी का देवता था ही नहीं
सच बताओ पिता!
तुमने इन्द्र की झूठी कहानियाँ क्यों सुनाईं?

धूल में नहाती चिड़िया
पानी के लिए लोटते बच्चे
किनकी इच्छाओं का परिणाम हैं?

ओह पिता! मैं शोक करती हूँ
आसमान में टँगी मछलियों
इन्द्र से गिड़गिड़ाते बच्चों और
नंगी औरतों के लिए।

कैसी रहस्य गुफा

कभी-कभी गुसलख़ाने में ले जाती हूँ
एक छोटा आईना
आईने में देखती हूँ गुलाबी गुफा-सी
अपनी योनि
गीली खुरदुरी जैसे कि जीभ

मैं देखना चाहती थी कि
कहाँ से आती हैं रक्त की बूँदें
रक्त का थक्का
काटता मेरी जाँघों को
जैसे नदी की धारा करार को काटती है

मैं बहुत सालों तक डरती रही
देखने से अपनी ही देह
देह के भीतर कैसी रहस्यमयी
अँधेरे में डूबी लेकिन गुलाबी गुफा है यह!
जिसे देखने से डरती हैं औरतें
जिसे देखने से डरती थी मैं
तब की जवान होती लड़की

क्या यही थी सभी फ़सादों की जड़
या मूल है सृष्टि और सौंदर्य का

यहीं है क्या वह ब्रह्मकमल
जिसे महाकवि ने सुझाया था ब्रह्मरंध्र में
जिसे खोजते हैं कवि व्यभिचारी चोर
संन्यासी कापालिक रसायनी
तंत्रयानी सहजयानी

हाँ, वह ब्रह्मकमल ब्रह्मरंध्र में नहीं
स्त्री की योनि में खिलता है महाकवि

सभी मातृपूजक पूजते हैं स्त्री की योनि
मातृहंता इसी को नष्ट करते हैं

यहीं है,
मेरी नाभि और योनि के बीच ही औंधाकुआँ
जहाँ से झरता है अमृत-रस

कहाँ भ्रमवश
खेचरी मुद्रा में खोजते फिर रहे थे!

वह दशम द्वार या दशम मंडल
मस्तिष्क के बीचों-बीच नहीं
देह के मध्य में है
कड़े पहरों के बीच

कुंडलिनी अपनी दोनों सखियों संग
नाभि प्रदेश से योनि द्वार तक विचरती है

योनि और उदरस्थ दुनिया को
भला कैसे! स्थितप्रज्ञ और शिश्नमूलक बना दिया!

संत भी खेला करते हैं!
भ्रम रचते हैं!

चाल चलते हैं स्त्री-देह की महिमा नष्ट करने की!

कनखला और मेखला भग राक्षसी नहीं थीं
उनके आलिंगन में सिर्फ़ अलौकिक ही नहीं
लौकिक भी बहुत कुछ था

उनमें वासना थी और लज्जा भी
उनमें अमर्ष छल अभीप्सा सब था
उनमें मानव प्रेम था
अर्पण था तो चाह भी थी

वे प्रकृति थीं अपना तात्विक रूप बदल सकती थीं
अग्नि में खोजो तो जल में मिलतीं
धुएँ में खोजो तो आकाश में चुहल करतीं
हँसतीं
ऐसी ही थीं वे

मैंने यह सब उसी छोटे आईने में देखा
वहाँ डर भी था लेकिन औत्सुक्य भी
मैंने वह मंत्रपूत अग्नि
जल आकाश वायु और यह मिट्टी
सब चख लिया है।

दुख भी पुश्तैनी होते हैं

खेत ग़ायब थे
मेड़ ग़ायब थी
मेड़ों से साखू के पेड़ ग़ायब थे
ग़ायब हो गई थी दूब
बस! था तो पिता के बाएँ पाँव का जूता
जो प्लास्टिक का था सड़ न सका
इंतज़ार करता रहा नाप के पाँवों की

मैंने देखा
पहनकर चला आया
आख़िर! पिता के जूते में
बेटे का ही पाँव आता है
यह दुख के पुश्तैनी होने की कथा है।

मुकम्मल क़ैदख़ाना

क़ैदख़ाने की तरह खुलता है एक घर
बन्द होता है क़ैदख़ाने की तरह
चेहरे पर खींच दी गई हैं लकीरें चुप्पी की
दम साध रेंगती हैं औरतें
मेरे सपनों में

एक रोबीले चेहरे वाला आदमी
जिसके चेहरे में दिखाई देते हैं
कई-कई चेहरे
उसकी आँखों को ताने हुए हैं लाल डोरे
मूँछों से झाँकती है हँसी

यह न जेल है
और आदमी न जेलर
फिर भी यह मुकम्मल क़ैदख़ाना है
जाने कहाँ-कहाँ से लाकर
यहाँ क़ैद की गई हैं औरतें

एक दूसरे की झुकी हुई पीठ का
रक्त साफ़ करती
मलहम मलतीं औरतें
छज्जों से चिपकी हैं छिपकलियों सरीखी

सूखते हुए घावों ने चमोट ली है
पीठ उनकी

वे लटकी हैं छत के पंखों से
जैसे कुएँ की घिर्रियों पर
बाल्टियाँ लटकती हैं
उनकी साँसों की बदबू से
ठस्स हो गई है हवा

मैं खोज रही हूँ
क़ैदख़ाने की चाभियाँ
जब कि चाभियाँ ख़ुद ही छुपा आई थी
अपनी पहुँच से बहुत दूर
मैं अपनी आत्मा गिरवी धर
खोज रही हूँ आँखें अपनी।

उसने जब लिखना सीखा

वह ऐसा समय था
जब औरतों और नदियों को
एक साथ नंगा किया गया
दर्ज़ी ने अपनी नाकामयाबी मान
आत्मदाह कर लिया

प्रधानमंत्री योजनाओं के तहत
ख़राब अनाज को भेजा जा रहा था सोमालिया
जो अफ्रीका में नहीं
भारत में था

चेहरे भरे हुए थे उत्तेजना से
भीड़ में घेरकर मारने की कला
विकसित कर ली गई थी
मौत के पहले ही
तैयार कर लिये जाते थे ताबूत

जाड़े की रात में
आसमान से
पिघल रही थीं तारिकाएँ
और रेगिस्तान में बंजारों के बच्चे
साँझ होते ही पानी-पानी
भात-भात कह बिलखते थे

बादल लदे थे
बौना क़रार दिए गए
ग्रहों के संताप से
पानियों के बदले
खेतों में झरता था गाढ़ा संताप उनका

असमय झुक गई थी
पल्लेदारों की पीठ
जबकि उनकी औरतें
राशन की दुकानों से लौट रही थीं
ख़ाली झोरा लटकाए

कुछ औरतों को सजा-धजा कर
रखा गया था रंगीन जारों में
कुछ अपने-अपने मोर्चों पर
अभी तक डटी थीं
जीवित थीं
मार दी गई थीं

वह ऐसा समय था कि
हवाओं से तेज़ चलती अफ़वाहें
बारूदों से अधिक विस्फोटक थीं
आदमी शाम को लौटते थे
जेब में अफ़वाहें भरकर

वह अपनी रसद उठाए
चली गई पेड़ों की तरफ़
कि फलों की मिठास से भरेगी अपना घर
शीतल हवाओं से शान्त करेगी दुचित्तापन
कोमल बिम्बों से घोंसले-सा सुन्दर
एकान्त बुनेगी

वह ऐसा समय था
कि कवि से भी अधिक
निराशा से भरे हुए थे पेड़
भीतर ही भीतर सुलग कर
खोखले हो रहे थे
फिर भी उनपे बसेरा कर लेती थी
अभी एक चिड़िया।

बेचैन आत्माएँ

दिन कई-कई कोणों से फूटता है
रात बन्द होती है भीतर की तरफ़
मज़बूत दीवारों का एक घेरा
जहाँ झाड़ू-बोहारू करते
बर्तन माँजते
सूरज उनकी पीठ पर चमकता है
ढलता है उन्हीं की पीठ पर
इंजेक्शन से निचोड़ ली गई गाय की तरह
डाँव-डाँव करती डोल रही हैं दिन-भर

वे कौआहँकनी
जिनके चेहरे पर डर गाढ़ा होकर जम गया है
फैलता जाता है रेह का मैदान
रँगे-पुते चेहरे से बार-बार झाँकता है
लोनाई मिट्टी-सा उनका डर

गहन परिचय अँधियारे कोनों से
होठों से कानों तक फैली है बेचारगी
सुबह-शाम की प्रार्थनाओं में रँभाती
पत्तों-सी चुपचाप झड़ती
वे बेचैन आत्माएँ
बहुत तीखा गुस्सा पाल रही हैं
जब डर पानी की तरह बह जाएगा
तब रात बाहर की तरफ़ फूटेगी।

ग़रीबचंद की बेटियाँ

उनकी भी देह कच्चे घड़े-सी होती है
पर वे जानती हैं ज़िन्दगी के विषम मौसम
इसलिए जब सब सो जाते हैं
वे पकाती हैं अपनी मिट्टी
वे बरसात आने से पहले
अपना ईंधन जमा करती हैं
वे खेत जाने से पहले
आँखों में महीन काजल भरती हैं

झउए में हँसिया रखते-रखते
मुँह में दबा लेती हैं एक बीरा पान
उनकी हँसी में जितनी खनक होती है
उनके प्रेम में उतनी ही वफ़ा
वे तरल चेहरे वाली लड़कियाँ
लहरों पर पाँव धर चल रही हैं

वे बरगद की उम्र
और जंगल का हरापन लेकर
मिट्टी के कटाव को जकड़े रखती हैं
वे पेड़ों से मिलाती हैं नदियों की जड़ें
वे सिरजती हैं भाप को
वे सिरजती हैं बादल को

वे सिरजती हैं पानी को
वे सिरजती हैं आग मिट्टी और ताप को

वे मतवाली हवा की सहेलियाँ हैं
वे ग़रीबचंद की बेटियाँ हैं
उनके टोके में है पुरखों की सिखावन
उनके पास ही इस युद्ध की कला है
मैं फिर से उन्हीं का मुँह निहार रही हूँ।

चालाक औरत

उसको विदाई के समय
कोइछे में भूख मिली थी
जिसे लेकर वह
इतनी दूर चली आई

यहाँ की बिल्लियाँ
बिल्लियों जैसी नहीं थीं
कुत्ते वहाँ के कुत्तों जैसे
गाएँ मारने को दौड़ती थीं
आगे पड़ जाने पर
चौका-बेलन
तवा-चिमटा
सबकी अलग-अलग अकड़ थी
दरवाज़े कभी तेज़ी से बन्द होते
कभी धीरे से
चौखट हमेशा तैयार रहती
ठोकर मारने को
यहाँ की डाँट नहीं थी वहाँ जैसी
न ग़ुस्सा
न नाराज़गी ही
वहाँ साज़िशें नहीं थीं
यहाँ जैसी
वहाँ डरने वाली बात पर भी

कम ही डर लगता था
यहाँ का सूरज जल्दी निकलता
और रात बहुत देर से आती
यहाँ की रात बंधक थी
और अँधेरा बहुत गहरा

लेकिन उसे पता चल गया था
अपनी भूख के बारे में
कि उसकी भूख
बस! यहीं मिट सकती है

वह एक चालाक औरत थी।

धरती का शाप

मौत की ओर अग्रसर है धरती
मुड़-मुड़कर देख रही है पीछे की ओर
उसकी आँखें खोज रही हैं
आदिम पुरखिनों के पद-चिह्न
उन सखियों को खोज रही हैं
जिनके साथ बड़ी होती
फैली थी गंगा के मैदानों तक

उसकी यादों में घुल रही हैं मलयानिल की हवाएँ
जबकि नदियाँ मृत पड़ी हैं
उसकी राहों में
नदियों के कंकाल बटोरती
मौत की ओर अग्रसर है धरती

वह ले जा रही है अपने बचे खुचे पहाड़
अपने बटुए में रख लिये जंगल और घास के मैदान
अपनी बची हुई सारी चिड़ियाएँ
उड़ा रही है तुम्हारे बन्द पिंजड़े से

झील-झरना-ताल-तलैया—
सब रख लिया है अपने लोटे में
पेड़ों को कंधे पर रख

अपना सारा बीज बटोर
मौत की ओर अग्रसर है धरती

गरीबचंद की बेटियाँ झुकी हुई हैं निवेदन में
उसे रोकती,
बुहार रही हैं उसकी राह
जबकि उसके महान पुत्र
उसके तारनहार
अब भी चिमटे हैं उसकी छाती से

यदि अन्तिम क्षण भावुक नहीं हुई वह
जैसे माँएँ होती हैं
तो माफ़ नहीं करेगी
पलटकर शाप देगी धरती।

सूअर के छौने

बच्चे चुरा आए हैं अपना बस्ता
मन ही मन छुट्टी कर लिये हैं
आज नहीं जाएँगे स्कूल
झूठ-मूठ का बस्ता खोजते बच्चे
मन ही मन नवजात बछड़े-सा
कुलाँच रहे हैं

उनकी आँखों ने देख लिया है
आश्चर्य का नया लोक
बच्चे टकटकी लगाए
आँखों में भर रहे हैं
अबूझ सौन्दर्य

सूअरी ने जने हैं
गेहुँअन रंग के सात छौने
ये छौने उनकी कल्पना के
नए पैमाने हैं
सूर्य देवता का रथ खींचते
सात घोड़े हैं
आज दिन-भर सवार रहेंगे बच्चे
अपने इस रथ पर।

तुम्हारी कठोर प्रत्यंचा और मेरी हिरणी का दिल

तुम्हारी अर्ध-रात्रि की बातें
मेरे सफ़ेद बिस्तर को लाल कर देती हैं
अतृप्ति कविता को जन्म देती है
मेरी स्त्री को सिर्फ़ कविता नहीं
तृप्ति भी चाहिए

तुम्हारी कठोर साँसें
मेरा मछली का कलेजा
जिसे पिघलाते हैं तुम्हारे मर्दाने ख़याल
अपनी तृप्ति के लिए मैं
उत्तेजना में भी लड़ती हूँ तुमसे
मेरे घर में मेरे नियम होंगे लागू

अर्ध-रात्रि जो अतृप्त स्त्री को बुलाते हो
तो पूरा बुलाना
आते हो तो आना पूरा
मन मन से ईद मनाएगा
देह देह से होली खेलेगी

स्त्री की अर्ध-रात्रि की उत्तेजना से
पराजित तो नहीं होगा न

तुम्हारा सदियों बूढ़ा अहम
क्षण-भर के लिए उसे भुला सको अगर
तभी छू पाओगे स्त्री का चरम

अर्ध-रात्रि में आओ तो
बिना आईना देखे आना
एक मंत्र सिखाऊँगी

तुम्हें समुद्र बनाऊँगी
मैं नाव बन जाऊँगी

मीता
सुनो
कभी मेरी तरह
चिल्हकते हैं
तुम्हारे सीने?
देह में नदी की तेज़ धारा
बहती है क्या?

मेरी अपनी वासना में फ़र्क़ देखो
तुम उत्तेजित हुए
धूल उड़ाई
राख बरसाई
मेरी उत्तेजना ने रचे हैं
भुवन-त्रय
जब तक तृप्ति नहीं होगी
रहेंगे टिके

कहा था न!
चोटिल न हो अहम
तभी आना!
कहा था न!

समझना हो स्त्री का चरम
तभी आना!
ये क्या! बींध डाला न
अपनी कठोर प्रत्यंचा से
मेरी हिरणी का दिल।

प्रेम में उद्दीपन

मैं यहाँ एकान्त में
जब तुम्हारी प्रतीक्षा ख़त्म होने का इंतज़ार कर रही हूँ
दीवार पर दो छिपकलियाँ एक दूसरे का पीछा करतीं
धीरे-धीरे कसती जा रही हैं
एक दूसरे को
खिड़की के शीशे में दिखते दो कबूतर
जैसे खींच लेना चाहते हैं एक दूसरे की नाजुक जीभ

जब मेरी आँखें क़ैद हैं इस दीवार में
और खिड़की तक का ही दृश्य देखने में सक्षम
तुम्हीं बताओ,
भला! मैं अपनी आँखें कहाँ टाँग दूँ

मैं तुम्हारी प्रतीक्षा में
इस बन्द कमरे में सुलग रही हूँ सिगार-सी
मैं अपना घर फूँक भेंटना चाहती हूँ तुम्हें
तुम मुझे आमंत्रित नहीं करोगे?
कि हम साथ-साथ डाल सकें
इस आग में अपनी हविषा
क्या नहीं स्वीकार करना चाहोगे मेरा आतिथ्य

मैं रात्रि के किसी पहर में मिलना चाहती हूँ तुमसे
तुम मेरे लिए अपने मध्य कक्ष में

रसभरियाँ नहीं सजाओगे?

मैं छिपकलियों सरीखी
किसी रपटीली प्रजाति में बदल जाना चाहती हूँ
यह औरत होने से अधिक सुखदायी है।

वन्या

मेरे देह की तरलता और लौकिक कामनाएँ
दिशा दिखा रही थीं
कामनाओं की जड़ें
कोसों तक फैली थीं जंगल में
अपनी गहन सुगंध से माया रचती
ज़िद कर रही थीं भीतर उतरने को

सम्भोग की उद्दाम कामना के बाद भी
मेरी आँखों में रुपहली लज्जा थी
और देह किसी अन्तर-प्रवाही विद्युत के समान
झंकृत हो रही थी
जंगल की हज़ार अतृप्त कहानियाँ धड़क रही थीं
अकेले इस हृदय नें

जंगल की बेतरतीब जड़ों के बीच
हमने अपना आसन जमाया
अवनत हो खड़ी हो गई थीं मुद्राएँ
सृष्टि देखने के उल्लास में खिल गए आकाश के रोमछिद्र
भरभरा कर निकल रहे थे तारागण

देह की घुमावदार नदी बह रही थी
चाँद सिरहाने का तकिया बनने
उतर आया था जंगल की जड़ों में

नदी और चाँद की आभा में डूब गई थी
प्रत्यंचा-सी खिली देह
जंगली फूलों के बीच
मेरी जंगली देह

उस साँझ मैंने जड़ों में छुपा पाया वसंत
वसंत बीतता नहीं
जाकर छुप जाता है जड़ों में
उस साँझ जंगल से एक-एक कर
निकल आईं सभी ऋतुएँ
समा गईं मेरी देह में

वह आकाश पर झुकी एक साँझ थी
न देह पर पर्दा था न साँझ पर
आकाश को सीधे भेद रही थीं मेरी दो आँखें
जंगल का कोलाहल मेरी धड़कनों पर
अनहद की तरह बह रहा था

सम्भोग की चमक से पराजित एक बिच्छू
अपना डंक उठाए गुज़र गया था मेरे नाभि-प्रदेश से
आँखों में उजास लिये जंगल में उतर रही थी रात
शीतल करने मेरी देह
जंगल में उतरीं आकाश-गंगाएँ
फिर दुग्ध-मेखलाएँ

मेरी तन्मयता ने तोड़ दिए थे क़रार के सारे नियम
बस! देह थी, जंगल था, साँझ थी।

जलदस्यु

एक दूसरे के साथ तैराकी के लिए हम उतर गए थे
खारे से खारे जल में
हमें जल का अवगाहन प्रिय था जलदस्यु
हमने डुबो दीं अपनी-अपनी नौकाएँ
फेंक दिए चप्पू अपने
हमने एक दूसरे की पीठ पर तैराकी सीखी

जल-बिन्दु, स्वेद-बिन्दु और देह का वह अमर कण
हमने सभी को प्रणम्य मानकर
एक दूसरे को अधिक कामार्त किया
वे सभी बूँदें और तुम्हारा प्रेम जलदस्यु
मेरे ललाट पर चमक रहा है
जल-सी शीतल किरण फूट रही है मेरी आँखों से
और तृप्ति से प्रफुल्लित मेरी यह देह देखो!

एक दूसरे का जल चुराते और चखते हुए
हमने जल के बीज बोए
अब उस जल के अँखुए उगे हैं
देखो तो कैसे-कैसे तरंगित हो रहे हैं

जल की इस सम्मिलित धारा में
न अहं था न इदम्
फिर भी था जल का अलग-अलग स्वाद

दूर तक की इस उत्ताल तरंग में
हमारा ही तो जल है जलदस्यु

वही एक जल!
एक ही आग
जो हमें ले आई थी जल तक
एक ही मिट्टी जो मेड़ों को तोड़
मिल रही है जल में

हे जलदस्यु!
हम इस जल की क़ीमत अदा करेंगे।

परकीया

जब तुम्हें समझ में नहीं आ रही थी मैं
बात-बात पर मेरी विस्मित हँसी
उन दिनों मैं किसी और के प्रेम में थी
तुम अपनी सारी मुलायमियत
अँगुलियों में भर छू रहे थे मुझे
तुम अव्वल प्रेमी थे,
तुम्हारी आँखों में शावक-सी कोमलता थी
फिर भी मैं भाग रही थी तितलियों के पीछे
बस! ओस से भीगे उनके पंख और मेरी पलकें थीं
पराग से सनी हुई!
सुगंधित पलकें!

मुझे माफ़ करना मेरे दोस्त!

मैं उस रात नहीं थी तुम्हारे साथ
जब बिलगा दिया था तुम्हारा हाथ
करवट बदल कहा था कि आज मन ठीक नहीं
मैं बना रही थी एक नाव
आकाश-गंगा में उतरने के लिए
बेरा का फूल ब्रह्मकमल-सा गूँथ रही थी
बैठ ब्रह्मपुत्र के किनारे
मैं खिला रही थी अपनी बत्तखों को चारा
मछलियाँ मेरे बगल बैठ सुना रही थीं

जल-वास होने के क़िस्से
मछलियों की कहन बड़ी मीठी और दुख-भरी है
तुम भी सुनना कभी उन्हें
मैं मेढकों का सम्भोग देख
अचानक मुड़ी थी तुम्हारी ओर
कि जलमुर्गियों का तैरना और उस तरह डूब जाना
मुझे प्रिय लगा

मुझे माफ़ करना मेरे दोस्त!

उस रात किसी बात का जवाब नहीं दे पाई
नहीं बता पाई तुम्हें कि कोई आँख, कोई चेहरा
किसी की बाज़ूबन्द वाली बाँहें
अपनी पूरी कोमलता और कठोरता में घेरे हुए हैं मुझे
कि आज रात डूबना चाहती हूँ बस उसी के हृदय में
समझना सहेजना चाहती हूँ उसी का रहस्य
उसी की निधि

मुझे माफ़ करना मेरे दोस्त!

तुम्हें बिस्तर पर अकेला छोड़
भीतर का दरवाज़ा खोल मैं उतर गई थी
फिसलन-भरी सीढ़ियाँ
कि एक बार मिल सकूँ उसे एकान्त में
उन दिनों वह मेरी बन्द आँखों में झाँकता था
जैसे बन्द दरवाज़े से अँधेरे में झाँकता है ढीठ बच्चा
उसकी छोटी-छोटी भेंट-मुलाक़ातों के बाद
मेरी अँगुलियाँ अधिक अपनापे से फिरीं
तुम्हारे बालों में

फिर भी मुझे माफ़ करना मेरे दोस्त!

उस दिन सिर्फ़ तुम्हारे लिए उल्टे पाँव
लौट आई थी मैं
तुम्हें नवजात-सा गोद में भर
कराया स्तनपान
वह रात सिर्फ़ तुम्हारे लिए थी
तुम्हें अपनी देह से अलगा नहीं पाई थी
सबेरा होने तक

लेकिन मुझे माफ़ करना मेरे दोस्त!

शायद! तुम्हारे साथ भी घटित हुआ हो संयोग ऐसा
मेरे बालों से नाभि तक अँगुलियाँ फिराते-फिराते
याद करने लगे हो बिछड़ गई प्रेमिका को
जिसकी गहरी रात-सी काली आँखों के बीच
सफेद चाँद-सी पुतरियाँ तुम्हें प्रिय थीं
जिसके बाल बरगद की जड़ों की तरह
नीचे की ओर अधिक बढ़ते गए थे
जिसकी गर्दन की रोमावली तुम्हें हर बात के लिए उकसाती थी

जीवन में हो सकते हैं छिपे हुए राज़
और रहस्य
कविता सारे रहस्यों को खोल देती है
तुम्हारे अचानक गुदगुदी करने पर
हँसने के बजाय रोने लगी थी जिस दिन
उस दिन मैं किसी और के प्रेम में थी
तुम बेक़सूर होकर भी अचम्भित थे

मुझे माफ़ करना मेरे दोस्त!

धरती पर हज़ार चीज़ें थीं काली और ख़ूबसूरत

उनके मुँह का स्वाद
मेरा ही रंग देख बिगड़ता था
वे मुझे अपने दरवाज़े से ऐसे पुकारते
जैसे किसी अनहोनी को पुकार रहे हों

उनके हज़ार मुहावरे मुँह चिढ़ाते थे
काली करतूतें काली दाल काला दिल
काले कारनामे

बिल्लियों के बहाने दी गई गालियाँ सुन
मैं ख़ुद को बिसूरती जाती थी
और अकेले में छिपकर रोती थी

पहली बार जब मेरे प्रेम की ख़बरें उड़ीं
तो माँ ओरहन लेकर गई
उन्होंने झिड़क दिया उसे
कि मेरे बेटे को यही मिली है प्रेम करने को
मुझे प्रेम में बदनाम होने से अधिक
यह बात खल गई थी

उन्होंने कच्ची पेंसिलों-सा
तोड़ दिया था मेरे प्रेम करने का पहला विश्वास

मैंने मन्नतें उस चौखट पर माँगी
जहाँ पहले ही नहीं था इंसाफ़

कई-कई फ़िल्मों के दृश्य
जिनमें फ़िल्माई गई थीं काली लड़कियाँ
सिर्फ मज़ाक़ बनाने के लिए
अभी भी भर आँख देख नहीं पाती हूँ

तस्वीर खिंचाती हूँ
तो बचपन की कोई बात अनमना कर जाती है
सोचती हूँ
कितनी जल्दी बाहर निकल जाऊँ दृश्य से

काला कपड़ा तो ज़िद में पहना
हाथ जोड़ लेते पिता
बिटिया! मत पहना करो काली क़मीज़

वैसे तो काजल और बिंदी यही दो शृंगार प्रिय थे
अब लगता है कि काजल भी ज़िद का ही भरा है
उनको कई बार यह कहते सुना था
कि काजल फबता नहीं तुम पर

देवी-देवताओं और सज्जनों ने मिलकर
कई बार तोड़ा मुझे
मैं थी उस टूटे पत्ते-सी
जिससे जड़ें फूटती हैं।

प्रेम के प्रस्थान

सुनो,
एक दिन बन्द कमरे से निकलकर हम दोनों
पहाड़ों की ओर चलेंगे
या फिर नदियों की ओर
नदी के किनारे,
जहाँ सरपतों के सफ़ेद फूल खिले हैं
या पहाड़ पर
जहाँ सफ़ेद बर्फ़ उज्ज्वल हँसी-सी जमी है
दरारों में और शिखरों पर
काढ़ेंगे एक दूसरे की पीठ पर रात का गाढ़ा फूल

इस बार मैं नहीं
तुम मेरे बाजुओं पर रखना अपना सिर
मैं तुम्हें दूँगी उत्तेजित करने वाला चुम्बन
धीरे-धीरे पहाड़ की बर्फ़ पिघलाकर जब लौट रहे होंगे हम
तब रेगिस्तानों तक पहुँच चुका होगा पानी

सुनो,
इस बार की अमावस्या में हम
एक दूसरे की आँखों में देर तक देखेंगे अपना चेहरा
और इस कमरे से निकलकर खेतों की ओर चलेंगे
हमें कोई नहीं देखेगा अँधेरी रात में
हाथ पकड़कर दूर तक चलते हुए

मैं धान के फूलों के बीच तुम्हें चूमूँगी
झिर-झिर बरसते पानी के साथ
फैल जाएगा हमारा तत्त्व खेतों में

मुझे मेरे भीतर
एक आदिम स्त्री की गंध आती है
और मैं तुम्हें
एक आदिम पुरुष की तरह पाना चाहती हूँ

फिर अगली के अगली बार
हम पठारों की तरफ चलेंगे
छोटी-छोटी गठीली वनस्पतियों के बीच गाएँगे कोई पुराना गीत
जिसे मेरी और तुम्हारी दादी गाती थीं
खोजेंगे नष्ट होते बीजों को चींटों के बिलों में

मैं भी गोड़ना चाहती हूँ
वहाँ की सख़्त मिट्टी
मैं भी चाहती हूँ लगाना
पठारी धरती पर एक पेड़

सुनो,
तुम इस बार लौटो
तो हम अपने प्रेम के तरीक़े बदल देंगे।

धरती की बहनें

मैं बालों में फूल खोंस
धरती की बहन बनी फिरती हूँ
मैंने एक गेंद अपने छोटे भाई
आसमान की तरफ़ उछाल दी है
हम तीनों की माँ नदी है
बाप का पता नहीं

मेरा पड़ोसी ग्रह बदल गया है
कोई और आया है किरायेदार बनकर
अब से मेरी सारी डाक उसी के पते पर आएगी

मैंने स्वर्ग से बुला लिया है अप्सराओं को
वे इन्द्र से छुटकारा पा ख़ुश हैं
आज रात हम सब सखियाँ साथ सोएँगी
विष्णु की मोहिनी चाहे
तो अपनी मदिरा लेकर इधर रुक सकती है...

इच्छाएँ

सफ़ेद और स्याह दिनों में भी
खिलते हैं इच्छाओं के लाल फूल!
मेरे कवि की हज़ार कल्पनाओं के बाद भी
मेरी स्त्री की कुछ ठोस इच्छाएँ हैं

नित आकाश में विचरण के बाद भी
उसे चाहिए ज़मीन पर एक कच्चा घर
मछलियों-सी बेबाक तैराकी के बाद भी
तपती रेत पर चलने का रोमांचक क्षण

अपनी ख़ाली रह गई रात को
किसी राहगीर से माँगकर भरने का सुख
चाहिए

बिल्ली अपने बच्चे को
जिस सावधानी से मुँह में दबाए रखती है
उसे देख मेरी स्त्री
जुड़वाँ बच्चों की माँ बनना चाहती है
बस! कोई न पूछे बच्चे के पिता का नाम।

मेरी कस्तूरी

मेरी एकरंगी दुनिया की
बहुरंगी चाहतें
जिसके बीच न कोई डगर
न पुल
बस! घनी रात घने जंगल

घर में अकेली रहती मौन आत्मा
बोलने-सुनने लगी थी कोई और बोली-बानी

मैं ज़िन्दगी की खड़ी चढ़ाई चढ़ रही थी
फिर वह आया
लगा जैसे तूफ़ान आया हो
जैसे उखड़ जाएँगे अब की सभी पेड़
बढ़ जाएगा शोर हाहाकार
नदियों का जल-स्तर

मैंने विस्तारित कर लीं अपनी आँखें
मैंने बिल्ली की माफ़िक
एक लम्बी छलाँग लगानी चाही उसके सीने पर
तर्क सीखने के बाद बे-तर्क होकर प्रेम करना चाहा
लज्जा के बाद भी उसके सम्मुख बेपर्द होना चाहा

सोचा कि परिचय के लिए कितना कम है यह जीवन

वह जल्दबाज़ था
अपनी तृष्णा मिटाने के लिए आया था

मैंने उसे इस तरह देखा कि वह समझ गया
हड़बड़ी में दिया बुझाना पसन्द नहीं मुझे
उसे मैंने कविता की रिक्त पंक्तियों में बैठाया

वह थोड़ा झेंपा
मैंने उसे थोड़ी-सी रियायत दे दी

उसने फिर से हड़बड़ी दिखाई
ज़ोर की फूँक मारी और दिया बुझा दिया
इस बार बिल्कुल भी नहीं झेंपा

मेरे सभी भवन हो गए धराशायी
मेरी सभी नौकाएँ जो थीं बच निकलने के लिए
डूब गईं तूफ़ान के बाद की बरसात में
शिशिर ने खड़-खड़ करते झाड़ दिए पत्ते
बिना किसी फल के खंडित हुई तपस्या मेरी

मेरी देह जलने लगी आरती सजी थाल-सी
वह अपने लिए आया था लौट गया
उसने मेरी रात में सेंधमारी की

ढही हुई चीजों के बीच मैं इतना खो गई
भूल गई अपने गाँव के
सभी मौसम सभी फल
कौन-सी ऋतु में बोई जाती है कौन फ़सल
सभी फूल मसले गए उसकी पीठ के नीचे

मैंने उन फूलों को सूखने
और झड़ने से बचाया

उन्हें ख़ूब शीतल जल से सींचा
खिलाया अपने घर का एक-एक कोना
कम उम्र नहीं ख़र्च हुई
पूरे पैंतीस साल लगे वह कोना खोजने में
जो देह में था
जैसे कस्तूरी।

अँधेरा भी एक दर्पण है

अँधेरा भी एक दर्पण है
साफ़ दिखाई देती हैं सब छवियाँ
यहाँ काटा तो गड़ता ही है
फूल भी भय देता है

कभी नहीं भूली अँधेरे में गही बाँह
पृथ्वी सबसे उच्चतम बिन्दु पर काँपी थी
जल काँपा था काँपे थे सभी तत्त्व
वह भी एक महाप्रलय था

अँधेरे से सन्धि चाहते दिशागामी पाँव
टकराते हैं आकाश तक खिंचे तम के पर्दे से
जीवन-मृत्यु और भय का इतना रोमांच!
भावों की पराकाष्ठा है यह अँधेरा

अँधेरे की घाटी में सीढ़ीदार उतरन नहीं होती
सीधे ही उतरना पड़ता है मुँह के बल
अँधेरे के आँसू वही देखता है
जिसके होती है अँधेरे की आँख।

उजाले के भ्रम से कहीं अच्छा है
इस दर्पण को निहारते

देखूँ काँपती पृथ्वी को
तत्वों के टकराव को

अँधेरे की देह धर उतरूँ उस बिन्दु पर
जहाँ सृजित होता है अँधेरा
तो उजाले में मेरी लाश आएगी
यह कविता के लिए जीवन होगा।

अँधेरे की भी होती है एक व्यवस्था

अँधेरे की भी होती है एक व्यवस्था
चीज़ें गतिमान रहती हैं अपनी जगहों पर
बादल गरजते हैं कहीं टूट पड़ती हैं बिजलियाँ
बारिश अँधेरे में भी भिगो देती है पेड़
पत्तियों से टपकता पानी सुनाई देता है

अँधेरे के आईने में देखती हूँ अपना चेहरा
तुम आते तो दिखाई देते हो
बस! ख़त्म नहीं होतीं दूरियाँ
आँसू ढुलक जाते हैं गालों पर
अँधेरे में भी दुख की होती है एक चमक

दूर दी जा रही है बलि
अँधेरे में भी सुना जा सकता है फ़र्श पर गिरा चाकू
कोई होता तो रख देता हाथ
मेरी काँपती-थरथराती देह पर

अँधेरे में भी उठ रही है चिताओं से गंध
राख उड़कर पड़ रही है फूलों पर
हाथ से छुई जा सकती है ताज़ा खुदी क़ब्रों की मिट्टी
वहाँ अभी भी जाग रही हैं मुर्दे की इच्छाएँ
खेल रहे हैं दो बालक उसके
अँधेरे में भी सुनी जा सकती है उनके हृदय की धकधक

बिल्ली अँधेरे में भी खेलती है अपने बच्चों संग
और कवि गढ़ लेता उजाले का बिम्ब
अँधेरे में भी लादे-फाँदे रेलगाड़ियाँ
पहुँच जाती हैं कहाँ से कहाँ
एक अँधेरे से दूसरे अँधेरे में पैदल ही पहुँच जाते हैं
बच्चे बूढ़े औरतें और अपाहिज़
सुनाई देती है उनकी कातर पुकार

अँधेरे में भी उपस्थित रहता है ब्रम्हांड
अँधेरे-उजाले से परे घूमती रहती है पृथ्वी
अँधेरे के आर-पार घूमते हैं नक्षत्र सारे

अँधेरे की भी होती है व्यवस्था
अँधेरे में अंकुरित होते हैं बीज
सादे काग़ज़ अँधेरे में भी करते हैं इंतज़ार
किसी क़लम का
लिखे जाने को समय की कविता।

आत्मा देह का ही विश्वास है

हमारे बीच आत्मा की साझेदारी नहीं
देह का लम्बा-चौड़ा पाट है
जहाँ लदे हैं काँटों भरे
झरबेर के दो पेड़

देह भी उतना ही जोड़ती है एक दूसरे से
जितना कि आत्मा का मिथक

मेरी पाठशाला का प्राथमिक सच
प्राथमिक ज्ञान
मेरी तुम्हारी यह देह है।

विस्मृत छुअन

मेरे वजूद को जबड़े में दबाए
मेरी प्रिय जगहों पर होता है अनाम दुःख

तब मेरी सारी पीड़ा उतर आती है आँखों में
जड़-चेतन से बेख़बर अपने भर्राये गले से
सारा गोपन सुना सकती हूँ किसी को
किसी भी कंधे पर
सिर टिका देर तलक रो सकती हूँ

दुख के छूने की विस्मृति में
किसी अपरिचित की अँगुली थाम
पीछे-पीछे दूर तलक जा सकती हूँ
जहाँ तक ले जाय वह

उसके आने से मन-मिज़ाज दर्पण हो जाता है
ठोस बदल जाता है पारदर्श जल में
देखा जा सकता है भीतर की चट्टानों
और खाइयों और उठते धुएँ को जल में तैरते हुए
तब कोई अहमक़ भी हँस सकता है देख मुझे

मैं दुख का आह्वान नहीं करती
पर किसी तरह पछाड़ती भी नहीं
दुख प्रियतम नहीं है मेरा
फिर भी वह मुझे प्रिय है।

❂❂❂